Bertrand Geay

Le syndicalisme enseignant

Éditions La Découverte
9 *bis*, rue Abel-Hovelacque
75013 Paris
1997

Catalogage Électre-Bibliographie
GEAY Bertrand
Le syndicalisme enseignant. – Paris : La Découverte & Syros, 1997. – (Repères ; 212)
ISBN 2-7071-2669-1

Rameau :	syndicats : enseignants : histoire : 1945-…
Dewey :	331.81 : Économie du travail. Syndicats
	371.1 : Organisation de l'école. Enseignement spécialisé. Personnel enseignant
Public concerné :	Tout public

Le logo qui figure au dos de la couverture de ce livre mérite une explication. Son objet est d'alerter le lecteur sur la menace que représente pour l'avenir de l'écrit, tout particulièrement dans le domaine des sciences humaines et sociales, le développement massif du photocopillage.

Le code de la propriété intellectuelle du 1er juillet 1992 interdit en effet expressément la photocopie à usage collectif sans autorisation des ayants droit. Or, cette pratique s'est généralisée dans les établissements d'enseignement supérieur, provoquant une baisse brutale des achats de livres, au point que la possibilité même pour les auteurs de créer des œuvres nouvelles et de les faire éditer correctement est aujourd'hui menacée.

Nous rappelons donc que toute reproduction, partielle ou totale, du présent ouvrage est interdite sans autorisation de l'auteur, de son éditeur ou du Centre français d'exploitation du droit de copie (CFC, 3, rue Hautefeuille, 75006 Paris).

Si vous désirez être tenu régulièrement informé de nos parutions, il vous suffit d'envoyer vos nom et adresse aux Éditions La Découverte, 9 *bis*, rue Abel-Hovelacque, 75013 Paris. Vous recevrez gratuitement notre bulletin trimestriel **A la Découverte**.

© Éditions La Découverte & Syros, Paris, 1997.

Introduction

Manifestations, grèves, « journées d'action »... La chronique journalistique n'est pas avare d'évocations de l'« actualité sociale ». Et dans l'enchevêtrement de groupes et d'organisations auxquels il est fait référence, les syndicats des personnels de l'enseignement ne sont pas les moins fréquemment cités. Pourtant, la spécificité des forces en présence et l'enjeu des conflits internes ou relatifs au syndicalisme de cet espace professionnel peuvent apparaître relativement obscurs. Il est vrai que son évolution des dernières années y a fortement contribué, tant les organisations se sont multipliées, autour de clivages difficiles à comprendre pour les non-initiés. Les ressorts des mobilisations des personnels de ce secteur restent par ailleurs très souvent appréhendés de façon simpliste, soit sur le mode de la dénonciation (les fonctionnaires sont alors « privilégiés », les enseignants « politisés » et la revendication syndicale, une action sans risque et sans lendemain), soit sur celui de la connivence (le « malaise » des enseignants, l'intérêt de la jeunesse ou la défense des institutions républicaines sont en ce cas abondamment commentés).

Cet ouvrage a notamment pour projet de réunir quelques éléments objectifs permettant de décrire les formes de représentation professionnelle caractéristiques de ce secteur, sous leurs traits les plus extérieurs : taux de syndicalisation, structures organisationnelles, principaux thèmes revendicatifs, histoire et implantation des principales organisations, organismes de gestion auxquels elles sont associées. Nécessaire dès lors que l'on veut rompre avec les représentations spontanées des professions de l'enseignement, cette approche objectiviste reste toutefois insuffisante pour comprendre les logiques particulières qui traversent cet espace syndical. Discours et pratiques ne peuvent être vraiment analysés sans être mis en relation avec l'évolution historique et l'état actuel des groupes professionnels et de l'institution scolaire. Il s'agit donc aussi d'interpréter, de reconstruire des cohérences, de proposer une lecture critique de ce que font et de ce que disent les syndicalistes de l'enseignement, non pour dénoncer, mais pour dégager les principes élémentaires des processus de représentation professionnelle dans ce secteur.

Derrière les sigles d'organisations ou de tendances, ce sont bien des identités professionnelles qu'il importe de cerner, pensées à la fois comme l'expression de conditions sociales spécifiques et comme le produit d'un travail de construction réalisé au cours des périodes antérieures. La façon dont s'est construit le syndicalisme de l'enseignement conduit d'ailleurs à privilégier l'étude des groupes qui ont joué un rôle central dans la formation des organisations les plus importantes du secteur. On n'évoquera ainsi que très succinctement le syndicalisme de l'enseignement privé, qui relève d'un modèle tout à fait différent de celui de l'enseignement public et a joué un rôle moins important dans l'histoire du mouvement syndical français. De même sera-t-il moins souvent question des personnels non enseignants que des instituteurs ou des professeurs de l'enseignement secondaire, précisément parce que ces dernières catégories se sont placées en position centrale dans le processus de représentation de l'ensemble des catégories de l'Éducation nationale.

Syndicalisme enseignant ou syndicalisme de l'enseignement ?

C'est aussi pour tenir compte des formes réelles de représentation dans ce secteur que l'on utilise l'expression « syndicalisme enseignant » et non « syndicalisme de l'enseignement », plus neutre à l'égard des différentes catégories. La première formule, de loin la plus courante, est en effet révélatrice des référents identitaires qui dominent la vie syndicale de cet espace professionnel. Mais loin de faire comme s'il s'agissait d'une situation naturelle, on s'efforcera de montrer dans quelles conditions s'est élaboré et s'est reproduit le modèle syndical propre à l'enseignement public.

Le premier chapitre propose une description « en coupe » du mouvement syndical enseignant français. Outre quelques indications préalables permettant au lecteur de prendre des repères dans le maquis des organisations, il vise à dégager les principales caractéristiques structurelles, fonctionnelles et « idéologiques » du syndicalisme de l'enseignement public. En contrepoint, sont livrées quelques informations relatives aux syndicats de l'enseignement privé.

Les trois autres chapitres présentent le mouvement syndical de l'enseignement public dans sa dynamique historique. Ainsi le deuxième chapitre est consacré à sa genèse, aux conditions sociales et politiques dans lesquelles il s'est construit, et aux luttes qui ont accompagné son émergence. On voit en particulier se mettre en place, au cours de l'entre-deux-guerres, les principaux acteurs et les formes dominantes de représentation qui marqueront pour longtemps l'espace des professions de l'enseignement.

La période 1945-1968, qui voit les organisations professionnelles de l'enseignement s'engager sur de nombreux terrains, fait l'objet du troisième chapitre. Le champ syndical y apparaît relativement stable dans sa logique dominante et dans ses structures internes, même si les organisations de l'enseignement secondaire et les courants minoritaires étendent peu à peu leur influence. Des luttes laïques à mai 1968, en passant par la guerre d'Algérie, les syndicats enseignants se montrent particulièrement présents sur la scène politique.

Pour comprendre la crise qui frappe le mouvement syndical de l'enseignement au cours des années quatre-vingt, on revient dans le dernier chapitre sur les changements sociaux et institutionnels qui ont affecté les professions enseignantes à partir des années cinquante. Interagissant avec le contexte politique et social, on voit se mettre en place une logique de transformation des formes de représentation, sensiblement différente d'un groupe professionnel à l'autre.

I / Les spécificités du syndicalisme enseignant

Le syndicalisme enseignant conserve en France une position particulière dans le champ social. Majoritairement à l'écart des confédérations interprofessionnelles, il s'est constitué selon une logique spécifique, profondément dépendante de l'institution scolaire, bien qu'il ait toujours proclamé depuis le début du siècle sa solidarité à l'égard des luttes ouvrières et son attachement au syndicalisme confédéré. Ses orientations et son style revendicatif renvoient à la fois aux structures organisationnelles et aux formes d'intégration à l'État héritées de l'histoire, et aux dispositions politiques qui caractérisent les enseignants.

1. Une force importante malgré sa dispersion

L'Éducation nationale reste un secteur d'élection pour le syndicalisme. Avec probablement plus de 30 % des personnels syndiqués — contre moins de 10 % pour l'ensemble du salariat —, au sein de la première administration française par ses effectifs, la force des syndicats de l'enseignement se mesure d'abord en nombre d'adhérents — sans doute plus de 350 000 au total [Labbé, 1996]*. Bien que majoritairement à l'écart des grandes confédérations et de ce fait non reconnues par les pouvoirs publics comme officiellement « représentatives » des salariés, les fédérations enseignantes apparaissent presque au

---

* Les références entre crochets renvoient à la bibliographie en fin de volume.

même rang que les centrales interprofessionnelles dans les négociations collectives ou dans le commentaire journalistique. Jouant un rôle clé dans les mobilisations de la fonction publique, elles se trouvent également dans bien des cas en position de médiatrices entre la CGT, la CFDT, Force ouvrière ou les syndicats autonomes.

Du côté des personnels eux-mêmes, ces organisations bénéficient enfin d'une légitimité, sinon incontestée, tout au moins s'imposant comme un état de fait. Ainsi, dans l'enseignement secondaire, plusieurs enquêtes montrent que la relation aux organisations est chez les syndiqués comme chez les non-syndiqués de nature plutôt instrumentale, et que la plupart des agents ont adhéré à un moment ou l'autre de leur carrière [Robert et Mornettas, 1995]. Dans l'enseignement primaire, le rapport au syndicalisme tend également à perdre de sa charge symbolique, entraînant un profond renouvellement, mais non l'effondrement du syndicalisme [Geay, 1991].

La réduction de la FEN

La Fédération de l'Éducation nationale (FEN) fut, pendant des décennies, la plus importante des fédérations de l'enseignement, occupant une position de quasi-monopole dans le premier degré et très nettement majoritaire aux autres niveaux de l'institution scolaire. Créée en 1928 sous la première appellation de Fédération générale de l'enseignement (FGE), cette organisation plonge ses racines dans le mouvement corporatif du début du siècle et dans le syndicalisme de l'entre-deux-guerres, au sein de la CGT de l'époque, d'orientation « réformiste ».

De la Libération à la fin des années quatre-vingt, la FEN se présente comme une organisation « unitaire » et « provisoirement autonome ». Après avoir participé à la réunification de la CGT en 1935-1936, elle a en effet décidé en 1946, lors d'une nouvelle scission de la centrale, de se mettre à l'écart du mouvement interprofessionnel. La FEN tire ensuite parti de cette situation en se définissant de plus en plus comme le modèle d'une possible réunification [Sapojnik, 1975]. La coexistence en son sein des différents courants issus de la CGT de 1945 est présentée comme un gage de démocratie, même si, dans les faits, ce pluralisme interne tend progressivement à se figer en affrontement de tendances institutionnalisées.

La scission de la FEN en 1992 ouvre une nouvelle période pour le syndicalisme enseignant. L'ancienne organisation hégémonique fait place à deux fédérations concurrentes. C'est la tendance majoritaire (Unité, Indépendance et Démocratie : UID, proche du Parti socialiste et de la gauche laïque) qui a pris l'initiative de ce bouleversement. Considérablement affaiblie par les transformations de l'enseignement primaire, où elle était le mieux implantée, elle se trouvait d'autant plus menacée à la tête de la fédération que les corps de l'enseignement secondaire étaient en pleine expansion démographique. Ses dirigeants ont finalement décidé d'exclure les deux principaux syndicats de l'enseignement secondaire, dirigés par la tendance oppositionnelle la plus importante (Unité et Action : UA, proche du Parti communiste et des ex-communistes). Ils ont ainsi favorisé la coalition de l'ensemble des tendances minoritaires, qui a formé la base de la nouvelle organisation : la Fédération syndicale unitaire (FSU).

AUDIENCE DES PRINCIPALES FÉDÉRATIONS ET CONFÉDÉRATIONS DANS L'ÉDUCATION NATIONALE (1997)

Catégories	FSU	FEN	CFDT	FO	CGT	Autres
Enseignants 1er degré	39,4	32,1	10,6	6,7	1,5	9,7
Enseignants 2e degré	53,1	9,4	12,8	6,1	4,1	14,7
Non-enseignants	4,4	49,7	10,1	12,2	15,7	7,9
Total Éducation nationale	33,6	29,0	11,1	8,1	6,8	11,5

Ces données cumulent les scores aux dernières élections professionnelles de chaque secteur en fonction des résultats provisoires disponibles début janvier 1997 (en pourcentage des suffrages exprimés).

Source : ministère de l'Éducation nationale, direction de la communication.

On se trouve désormais en présence d'une FEN essentiellement implantée dans l'enseignement primaire et parmi les personnels non enseignants, et qui ne parvient à totaliser qu'un peu moins de 30 % des voix lors des élections aux commissions administratives paritaires. Elle regroupe néanmoins autour de 140 000 adhérents, comme sa nouvelle concurrente. Ses orientations se veulent résolument « réformistes ». A la thématique laïque et républicaine traditionnelle est venu s'adjoindre un discours moderniste, tant sur le plan économique que sur le plan pédagogique. Suivant en cela le discours tenu par la CFDT depuis les années quatre-vingt, la FEN se dit favorable à la politique contractuelle et juge conservateur le syndicalisme de contestation incarné à ses yeux par la FSU.

L'apparition de la FSU et la persistance du SGEN

Mieux implantée dans l'enseignement secondaire, notamment parmi les certifiés, les agrégés et les professeurs de lycée professionnel, la FSU s'est également développée dans l'enseignement primaire et a conservé l'influence dont disposait l'ancienne FEN dans l'enseignement supérieur. Son organisation interne apparaît assez proche de celle qui caractérisait la FEN jusqu'aux années soixante-dix. Ainsi, les syndicats nationaux, dont les secteurs de recrutement suivent généralement le découpage institutionnel des principaux corps, conservent un pouvoir important quant à la détermination des actions et des attitudes adoptées à l'égard des ministères de tutelle.

Les tendances restent également reconnues dans la nouvelle structure. On y retrouve les principaux opposants d'UID dans la FEN : Unité et Action, l'École émancipée (EE) — qui se compose notamment d'anarcho-syndicalistes, d'écologistes et de trotskistes de la Ligue communiste révolutionnaire — et Autrement, tendance scissionniste d'UID peu avant l'éclatement de la fédération, surtout implantée dans l'enseignement professionnel et avant tout attachée au maintien des identités corporatives. La place des tendances a cependant été revue dans le fonctionnement de la FSU. Les statuts fédéraux prévoient qu'aucune d'entre elles — et qu'aucun syndicat — ne puisse détenir seule la majorité ; toutes doivent également être représentées à la direction fédérale. La même volonté de renouer avec un fédéralisme reposant sur la diversité interne et le débat le plus large se traduit encore par une clause prévoyant que les décisions importantes soient approuvées par 70 % des mandats.

Enfin, les orientations de la FSU se veulent nettement opposées au « syndicalisme d'accompagnement » pratiqué par la FEN et à toute « dérive libérale » du système d'enseignement. Son discours revendicatif est cependant assez éloigné de l'anticapitalisme virulent qu'affichait Unité et Action dans les années soixante-dix, ou, *a fortiori* l'École émancipée, jusqu'à ce qu'elle participe à la direction de la fédération.

Si la scission de la FEN a véritablement tourné la page du syndicalisme unifié dans l'Éducation nationale, la dispersion organisationnelle avait débuté bien avant et s'est poursuivie au-delà de la rupture de 1992. Pendant toute la période de la FEN « unitaire », le Syndicat général de l'Éducation nationale (SGEN) a constitué le principal concurrent de l'organisation dominante. Ses origines se lient autant à l'histoire politique des chrétiens de France qu'à celle de l'enseignement public. Le petit groupe d'instituteurs et de professeurs qui le créa en 1937 entendait à la fois s'opposer à la montée d'un corporatisme d'extrême droite en milieu catholique et se tenir à l'écart du militantisme laïque intransigeant de la FGE [Singer, 1987 et 1993].

Affilié à la Confédération française des travailleurs chrétiens (CFTC), il a joué un rôle important dans sa laïcisation et sa transformation en Confédération française démocratique du travail (CFDT), en 1964. Son implantation s'est longtemps concentrée dans quelques départements de l'est de la France, de tradition sociale-chrétienne, et dans l'enseignement supérieur et la recherche. Elle s'est néanmoins élargie à partir des années soixante/soixante-dix, lorsque, renforçant son image d'organisation critique, il est devenu une sorte de « laboratoire d'idées » de la gauche enseignante, à mi-chemin de la réflexion pédagogique et de la démarche revendicative. Revendiquant 36 000 membres, il est mieux implanté dans le second degré, où il compte près d'un adhérent sur deux, sans compter les non-enseignants. Son audience est en revanche sensiblement équivalente dans les différents secteurs de l'enseignement et de la recherche, de 10 % à 13 % des suffrages exprimés aux élections professionnelles. Il rassemble des militants de sensibilité socialiste, centriste, écologiste ou libertaire.

La diversité des syndicats minoritaires

Les deux autres grandes confédérations, la CGT et Force ouvrière, ne se sont implantées que de façon marginale dans l'Éducation nationale, au moins jusque dans la période récente, et ce en raison de leur histoire commune avec la FEN. Recueillant de 5 % à 7 % des suffrages lors des élections professionnelles, la Fédération de l'éducation, de la recherche et de la culture (FERC-CGT) est essentiellement implantée dans l'enseignement professionnel et parmi les personnels non enseignants, en fait dans les secteurs où la biographie des agents les conduit beaucoup plus facilement à adhérer ou à se maintenir au sein d'une organisation ouvrière, plutôt que de rallier le syndicalisme enseignant. Force ouvrière a, de son côté, tenté de se réimplanter plus massivement dans le secteur à partir des années soixante-dix. Sa Fédération nationale de l'enseignement, de la culture et de la formation professionnelle (FNECFP) obtient, depuis la fin des années quatre-vingt, autour de 8 % des voix aux élections professionnelles. Son discours, radicalement laïque et antimoderniste, permet de rassembler des militants proches des partis de droite et surtout des trotskistes du Parti des travailleurs, auparavant actifs au sein de la FEN.

Parmi les groupements disposant de quelque influence, on peut encore citer les syndicats autonomes regroupés au sein de la Confédération syndicale de l'Éducation nationale (CSEN), adversaires de longue date des organisations de gauche, et que leurs thèmes revendicatifs situent nettement du côté de la restauration des valeurs hiérarchiques et d'une conception malthusienne de l'accès aux études longues. Il faut enfin relever le cas particulier de la Fédération autonome de l'Éducation nationale (FAEN) et de sa composante principale, le Syndicat national des collèges et des lycées, essentiellement implanté parmi les professeurs d'enseignement général des collèges (PEGC). Issu d'une scission du SNI en 1960, le SNCL se réclame des valeurs de gauche et se montre favorable à la démocratisation du système d'enseignement. Il se distingue surtout par son attachement à la spécificité du professorat dans les collèges.

2. Le poids des corps et des catégories

Parmi les caractéristiques objectives permettant de comprendre la nature particulière de tel ou tel mode de représentation professionnelle, les structures des organisations elles-mêmes viennent au tout premier plan. Car les connexions et les cloisonnements organisationnels, par les proximités et les distances qu'ils instaurent, expriment et contribuent à reproduire les identités professionnelles.

Le modèle syndical qui s'était construit autour du SNI et de la FEN « unitaire » était, de ce point de vue, tout à fait remarquable. Tout d'abord, en ce qu'il séparait — de fait sinon dans les discours syndicaux — le monde de l'enseignement du reste du salariat. Ensuite, parce qu'il procédait à un regroupement interne de chaque corps ou catégorie de personnels de l'Éducation nationale ou des ministères proches, et à leur distribution en quarante-huit syndicats nationaux — situation très différente de celle du secteur privé où, depuis le début du siècle, le modèle dominant est celui de syndicats départementaux rassemblant l'ensemble des salariés d'un même secteur industriel. Enfin, parce qu'il intégrait ce système, fondé sur l'unité des corps et les particularismes statutaires, à un ensemble d'associations professionnelles ou périscolaires, de mutuelles et de coopératives corporatives prenant potentiellement en charge la totalité de la vie professionnelle et de la vie privée des enseignants : réflexion pédagogique, défense de l'école laïque, aide à l'enfance déshéritée, assurance-automobile, épargne-retraite, etc.

Dans une telle conjoncture professionnelle, l'adhésion aux valeurs et aux combats collectifs se réalise par de nombreuses voies, qui répondent à des aspirations différentes mais ne cessent de se renforcer. C'est ce qui conduit les auteurs de *La Forteresse enseignante* à proposer l'expression « syndicalisme à base multiple » [Aubert et *al.*, 1985]. Dans le même ouvrage, Jacques et Mona Ozouf exaltent le modèle en le présentant comme un « cas unique de social-démocratie à la française », oubliant du même coup que le fait qu'il se soit développé dans les limites des professions de l'enseignement n'est pas indifférent pour l'analyse.

Prenant au contraire quelque distance avec le point de vue indigène, Véronique Aubert qualifie le système organisationnel construit par les instituteurs du SNI d'institution totale [Aubert, 1984], terme utilisé par le sociologue américain Erving Goffman pour décrire les univers concentrationnaires tels que

Le réseau des associations professionnelles et des « œuvres » laïques

Les relations entre les « œuvres » et les principales organisations syndicales enseignantes se sont peu à peu distendues. L'espace professionnel de l'enseignement public reste néanmoins marqué par l'existence de nombreuses associations et entreprises « sociales » contribuant à renforcer les liens internes au milieu. Fédérées au sein du Comité de coordination des œuvres mutualistes et coopératives de l'Éducation nationale (CCOMCEN), les plus importantes d'entre elles forment un puissant cartel économique et politique. On ne trouve guère d'équivalent d'une telle configuration professionnelle en France, sauf peut-être dans le monde agricole.

Parmi les maillons les plus importants de ce réseau, au moins d'un point de vue économique, on trouve tout d'abord les mutuelles : assurance-automobile avec la MAIF (créée en 1934), complémentaire-maladie avec la MGEN (1947), épargne-retraite avec la MRIFEN (1949). La CAMIF (1947), troisième centrale d'achats française, a également connu une croissance considérable depuis les années soixante-dix. On peut encore citer le cas de la CASDEN (1957), institution de crédit associée au réseau des Banques populaires. A l'exception de la MAIF, la plupart des dirigeants de ces entreprises sont issus des appareils syndicaux.

Dans le secteur des associations corporatives ou « péri-scolaires » également, nombre de groupements ont eu des liens étroits avec le syndicalisme enseignant, au moins à leurs origines : Pupilles de l'école publique (1917), Centre laïque des auberges de jeunesse (1934), Francs et franches camarades (1944), Centres d'entraînement aux méthodes d'éducation active (1944), Jeunesse au plein air (1947), Fédération des conseils de parents d'élèves (1947), etc. Plus ancienne, la Ligue de l'enseignement (1866) figure également en bonne place dans le réseau, même si ses relations avec les syndicats enseignants ont souvent été conflictuelles.

---

l'asile, la prison ou le couvent [Goffman, 1975]. Sans doute faudrait-il donner une définition élargie et un contenu plus symbolique au concept goffmanien pour que ce rapprochement soit acceptable. Il n'en reste pas moins que l'enfermement dans des institutions où les maîtres ne retrouvaient que leurs semblables avait comme corollaire une pression à la conformité exercée quotidiennement sur chacun d'entre eux et constituait l'une des conditions de la perpétuation de ce modèle syndical [Geay, 1994].

Avec le déclin de l'esprit de corps et la scission du SNI et de la FEN, ce système s'est en partie défait. Les instituteurs ont perdu leur position centrale dans la galaxie enseignante. Les visions des professions de l'enseignement centrées sur l'unité corporative ne peuvent plus se fonder sur l'existence d'organisations unifiées. Et le réseau périsyndical, dont la branche mutuelliste est devenue un pôle économique de première importance, a développé son autonomie à l'égard d'organisations syndicales affaiblies et divisées.

La prédominance du syndicalisme autonome

Mais si le modèle syndical porté par le SNI a incontestablement reculé, de nombreuses spécificités corporatives continuent de caractériser le syndicalisme enseignant. Ainsi les organisations autonomes restent prédominantes dans le nouvel espace de représentation, la FEN et la FSU représentant à elles deux plus de 60 % des suffrages aux élections professionnelles, sans compter les petits syndicats non confédérés.

Certes, les deux fédérations ont, chacune de leur côté, engagé un rapprochement avec d'autres organisations autonomes. La FEN s'est associée à la Fédération générale autonome des fonctionnaires (FGAF), essentiellement implantée dans la police, et à différents groupements de salariés des secteurs des transports, de l'agro-alimentaire ou du spectacle, pour créer en 1993 l'Union nationale des syndicats autonomes (UNSA), qui ajoute près de 160 000 adhérents aux 140 000 membres de la FEN, et dispose d'un secrétariat central. La FSU entretient des contacts avec le Groupe des dix, sorte d'intersyndicale permanente fédérant en 1996 près d'une vingtaine de syndicats des Impôts, de la Poste et des Télécommunications, des transports, de la banque, etc., soit environ 70 000 adhérents [Labbé, 1996].

Mais le processus engagé de part et d'autre reste ambigu : il peut être perçu comme ouvrant la voie à une « recomposition » plus large ou, au contraire, comme un substitut à toute unification avec les confédérations existantes. Par ailleurs, les embryons de confédérations constitués par l'UNSA et le Groupe des dix fédèrent pour l'essentiel des organisations issues du secteur public et des catégories moyennes du salariat. En fait, la question de l'autonomie et de la reconstruction de structures interprofessionnelles se pose désormais en d'autres termes pour la FEN et la FSU, mais elle ne semble toujours pas avoir trouvé de véritable réponse.

Le cloisonnement interne

La segmentation interne par corps et par catégorie reste également relativement prégnante. La FEN a sous ce rapport accompli une importante réforme de ses structures, qui fut d'ailleurs l'un des principaux terrains d'affrontement avec ses groupes minoritaires au moment de la scission. L'ensemble des enseignants, de la maternelle à la terminale, est désormais invité à adhérer au même syndicat, le Syndicat des enseignants (SE). Il s'est agi pour cette fédération de prendre acte du rapprochement sociologique des maîtres du premier et du second degré et de la mise en place d'une formation initiale partiellement commune, avec la création des instituts universitaires de formation des maîtres (IUFM). D'un point de vue tactique, cette extension du champ de syndicalisation du SNI devait permettre à ses dirigeants de prendre pied dans l'enseignement secondaire, sans prendre le risque de créer un nouveau syndicat, et en apparaissant comme porteurs d'innovation. Le regroupement opéré est néanmoins partiel, puisqu'il ne concerne pas l'enseignement supérieur et la recherche, ni les personnels de direction et les non-enseignants des premier et second degrés.

Parmi les petites organisations, la CSEN et la FAEN accordent assez logiquement une place importante aux distinctions corporatives, la première étant particulièrement attachée aux hiérarchies internes de l'institution, la seconde trouvant ses origines dans les revendications spécifiques d'une partie des professeurs de collège. Mais, même parmi les syndicats confédérés, l'existence de structures syndicales réunissant l'ensemble des corps et des catégories ne va pas nécessairement de soi. Si le SGEN, comme la plupart des fédérations de la CFDT, a opté pour des structures départementales regroupant l'ensemble des catégories, la FNECFP-FO est, comme la FEN, une fédération de syndicats nationaux, dans la tradition du syndicalisme de la fonction publique, dominant à Force ouvrière. La CGT organise quant à elle séparément enseignants et non-enseignants, tout en les regroupant dans des structures proches de celles du SGEN-CFDT.

LE PARTAGE DES CHAMPS DE SYNDICALISATION
AU SEIN DES PRINCIPALES FÉDÉRATIONS ENSEIGNANTES

	FSU	FEN	FNECFP	SGEN
Instituteurs	SNUipp	SE	SNUDI	SGEN
Professeurs des écoles	SNUipp	SE	SNUDI	SGEN
PEGC	SNUipp	SE		SGEN
Maîtres auxiliaires	SNES	SE	SNFOLC	SGEN
Adjoints enseignement	SNES	SE	SNFOLC	SGEN
Certifiés	SNES	SE	SNFOLC	SGEN
Agrégés	SNES	SE	SNFOLC	SGEN
Éducation, orientation…	SNES	SE	SNFOLC	SGEN
Prof. et chargés d'ens. EPS	SNEP		SNFOLC	SGEN
Prof. lycée professionnel	SNETAA		SNFOLC	SGEN
Prof. enseign. agricole	SNETAP	SNEAP	SNFOLC	SGEN
Agents, techniciens et ouvriers de service…	UNATOS	SNAEN	SPASEEN	SGEN
Personnels administratifs	SNASUB	SNPTES SNB	SPASEEN	SGEN
Professeurs d'IUFM	SNPIUFM			SGEN
Attachés, assistants…	SNESup	SUP'R	SNPREES	SGEN
Maîtres de conférences	SNESup	SUP'R	SNPREES	SGEN
Professeurs des universités	SNESup	SUP'R	SNPREES	SGEN

Cette représentation simplifiée se limite aux principaux syndicats des fédérations les plus importantes. De même elle ne prend en compte toutes les frontières catégorielles ou corporatives, au sein de l'Éducation nationale.

Mais c'est surtout à la FSU que la segmentation corporative se manifeste de la façon la plus massive. La nouvelle fédération a en effet adopté presque sans aucun changement le découpage des secteurs de recrutement de l'ancienne FEN. Les maîtres du premier degré y ont constitué leur propre organisation : le Syndicat national unitaire des instituteurs, professeurs des écoles et professeurs de l'enseignement général des collèges (SNUipp). Dans le second degré, on retrouve côte à côte le Syndicat national des enseignements de second degré (SNES), le Syndicat national de l'éducation physique (SNEP), le Syndicat national des professeurs de lycée professionnel et des personnels d'éducation (SNETAA), etc. Les personnels de l'enseignement supérieur et de la recherche se partagent quant à eux entre plusieurs organisations dont la principale est le Syndicat national de l'enseignement supérieur (SNESup).

Expression du milieu ou « corporatisme » ?

Le bien-fondé et les effets d'une telle situation ont été largement débattus au cours de la scission de la FEN. Les fondateurs de la FSU, notamment les militants majoritaires du SNES et du SNETAA, y voient un gage de démocratie, dans la mesure où l'identité des différentes composantes du monde de l'enseignement peut être pleinement respectée et où les syndicalistes demeurent au plus près des préoccupations de leurs mandataires. Les risques de la surenchère « corporatiste », de la division interne et finalement de l'inefficacité ont à l'inverse été maintes fois soulignés par l'École émancipée ou par le SGEN. La part d'autonomie accordée à chaque syndicat national l'encourage en effet à dresser ses propres cahiers revendicatifs et à entretenir le jeu des distinctions produites par l'administration, voire à en demander de nouvelles. Les personnels non enseignants, en particulier les ouvriers, employés et techniciens, sont relégués dans leurs propres syndicats et ne jouent qu'un rôle mineur dans la définition des grandes orientations, l'identité des fédérations se construisant pour l'essentiel autour des catégories enseignantes.

En fait, l'analyse des formes d'organisation conduit à souligner le caractère circulaire des processus de construction et de reproduction des identités professionnelles. La segmentation instituée par les syndicats peut sans doute être considérée comme l'expression de traditions encore structurantes parmi les personnels eux-mêmes, notamment autour des oppositions entre le primaire et le secondaire, ou entre l'enseignement général et l'enseignement professionnel. C'est ce que semblent montrer à la fois le succès de la FSU et les conflits qui ont surgi entre le SNUipp et le SNES, peu de temps après la fondation de la fédération. Mais on ne peut en retour supposer que ces traditions existent en elles-mêmes, de façon quasi éternelle, hors de tout travail de représentation du groupe par ses représentants. C'est dans l'action syndicale la plus ordinaire — réunions, bulletins, manifestations —, et à travers les référents identitaires qu'elle réactive quotidiennement que se cristallisent les identités collectives. Emplissant les cadres constitués par les structures organisationnelles héritées du passé, elle contribue à perpétuer ces identités au-delà des conditions qui en ont permis l'émergence [Aubert, 1984 ; Geay, 1994].

3. L'intégration aux régulations institutionnelles

Par les moyens d'action qu'ils utilisent et par les fonctions qu'ils remplissent, les syndicats enseignants se situent à la fois sur le terrain de la régulation et du contrôle des groupes professionnels au sein desquels ils recrutent leurs adhérents, et sur celui de la lutte syndicale, telle qu'elle s'est constituée dans l'histoire du mouvement ouvrier. Cette ambivalence fait voler en éclats l'opposition apparente entre association professionnelle et syndicat, opposition d'autant plus prégnante qu'elle a acquis un statut savant dans les théories des professions forgées par les sociologues fonctionnalistes américains [Chapoulie, 1973].

Sous sa forme la plus revendicative, l'activité des syndicats se concentre sur la mise au point et la diffusion auprès des personnels de leurs prises de position, et sur la préparation d'actions organisées de façon régulière, telles que pétitions, communiqués de presse, adresses aux parlementaires, grèves et manifestations. Quel que soit son objet : salaires, statuts ou réformes scolaires, l'action collective prend une forme particulièrement ordonnée dans les professions enseignantes. Les jours de manifestation, les personnels défilent généralement dans le calme, classés par département ou par catégorie lorsqu'il s'agit d'un rassemblement national. Les grèves ne durent le plus souvent que quelques heures, à l'occasion de « journées d'action » devenues presque rituelles, et ne donnent que rarement lieu à des actions « de force » telles qu'occupations du lieu de travail ou blocages de la voie publique.

A la fin des années quatre-vingt, le développement de grèves en marge des grands syndicats et l'apparition de « coordinations » de grévistes dans les manifestations ont contribué au renouvellement des pratiques [Geay, 1991]. Un style plus iconoclaste, plus festif, a trouvé sa place dans les habitudes collectives ; la représentation du groupe produite lors des actions collectives reste cependant très éloignée de celle qui se donne à voir dans les secteurs les plus combatifs des catégories ouvrières ou parmi les agriculteurs. Il semble également que, depuis cette période, le recours à la grève de longue durée et la consultation des grévistes soient moins exclusivement réservés aux militants minoritaires d'extrême gauche. Ainsi, lors de la mobilisation contre le « plan Juppé » en décembre 1995, le SNUipp et le SGEN ont conduit dans de nombreux départements une grève « reconductible » qui a parfois duré plus d'une semaine. Le mouvement s'est toutefois peu étendu dans l'enseignement secondaire et reste exceptionnel.

Participation à la gestion et syndicalisme « de services »

Mais la lutte pour l'« avancée des revendications » ne se joue pas que dans la rue. Audiences dans les ministères, suivi de dossiers, interventions auprès de hauts fonctionnaires ou d'hommes politiques, séances du Conseil supérieur de l'éducation — organisme consultatif où se retrouvent représentants des personnels, des usagers et des « partenaires » de l'Éducation nationale : la capacité d'intervention des syndicats enseignants est également liée à la place qu'ils occupent dans l'espace politico-administratif où se dessinent les politiques scolaires, dans une portion de ce que Pierre Bourdieu [1994] appelle le champ bureaucratique.

Le travail technique d'archivage, de conception, de communication que suppose une telle activité nécessite d'importants moyens matériels et humains. Comme toutes les grandes organisations syndicales, les principales fédérations de l'enseignement disposent d'une équipe de techniciens, de tous les outils modernes d'édition et de communication et d'un siège social dans la capitale, auxquels s'ajoutent les locaux mis à la disposition des sections départementales par les collectivités locales. Les décharges et les dispenses de service prévues par le droit syndical de la fonction publique permettent aux organisations qui ont remporté le plus de suffrages lors des élections professionnelles de bénéficier de quelques centaines de permanents ou de semi-permanents, dont une partie se concentre dans les secrétariats nationaux.

Plus nettement encore du côté de la régulation de l'institution, les syndicats enseignants interviennent également dans la répartition des moyens matériels et humains et dans la gestion des carrières des personnels. Mais les procédures selon lesquelles ils sont associés à ces tâches administratives et la logique même de leur intervention sont sensiblement différentes d'un secteur à l'autre. Dans le premier et le second degré, et en général pour les non-enseignants, la gestion des postes et des carrières est placée sous le contrôle des organismes paritaires. Elle s'effectue pour l'essentiel au niveau départemental dans l'enseignement primaire, au niveau national et académique dans le secondaire. Dans l'un et l'autre cas, les comités techniques paritaires (CTP) sont compétents pour l'organisation et le fonctionnement du service et les commissions administratives paritaires (CAP) sont en charge de l'avancement des personnels et de la discipline.

Comme dans l'ensemble de la fonction publique, la gestion paritaire des carrières repose principalement sur le principe de la standardisation. Pour une même catégorie et un même grade, les agents sont considérés comme interchangeables dans leurs postes ; l'avancement et les mutations sont effectués en fonction d'un barème prenant en compte l'ancienneté et divers critères variables selon les opérations et selon les corps, comme la note établie par les supérieurs hiérarchiques, l'ancienneté dans le poste, l'éloignement du conjoint ou l'exercice de fonctions classées difficiles — postes de remplaçant, travail en zone d'éducation prioritaire…

Les règles apparemment intangibles du système bureaucratique laissent en réalité de nombreuses marges de manœuvre, non seulement parce qu'elles sont pour partie révisables d'année en année, mais parce qu'elles sont susceptibles d'interprétations différentes et nécessitent fréquemment d'ultimes

Les organismes paritaires : CAP et CTP

Les commissions administratives paritaires (CAP) sont composées à parité de représentants de l'administration et de représentants du personnel élus au cours des élections professionnelles, tous les trois ans, au scrutin proportionnel et sur listes syndicales. Elles ont en charge l'avancement des personnels, leurs mutations, leur formation, leur titularisation ou leur licenciement éventuel, ainsi que la discipline. A l'exception des auxiliaires, chaque corps d'enseignants du primaire et du secondaire, et chaque corps de non-enseignants, est placé sous le contrôle d'une commission nationale (CAPN) et d'une commission académique (CAPA) ou départementale (CAPD) spécifiques.

Dans le premier degré, l'essentiel de la gestion des corps est assuré au niveau départemental. La CAPN n'intervient que pour les permutations interdépartementales, les stages de formation nationaux, et certains cas spécifiques, comme les nominations outre-mer. Dans le second degré, les CAPN gèrent les mutations et les changements de corps. Les CAPA ont en charge les nominations qui interviennent après le mouvement national, par exemple l'affectation des « titulaires académiques » sur un poste ou les demandes de délégation rectorale, principalement pour rapprochement de conjoints. Elles assurent également l'harmonisation de la notation administrative et établissent les listes d'aptitude pour les changements de corps et l'accès à la hors-classe.

Les comités techniques paritaires (CTP) sont consultés pour tout ce qui relève de l'organisation et du fonctionnement des services, en particulier pour les ouvertures et les fermetures de postes, et pour les plans de formation continue, les horaires... Les représentants du personnel y sont désignés par les syndicats les plus représentatifs, en fonction des dernières élections aux commissions paritaires — ou, à défaut, font l'objet d'élections spécifiques, comme pour les enseignants de statut universitaire. Une stratification géographique analogue à celle des CAP permet un contrôle aux différents niveaux de décision du ministère de l'Éducation nationale. La carte scolaire des collèges — dont la construction et l'équipement sont à la charge des conseils généraux — est gérée, comme celle des écoles primaires, au niveau départemental. Celle des lycées — dont la construction et l'équipement sont à la charge des conseils régionaux — est gérée au niveau régional.

A la différence des CAP, les avis des CTP sont souvent non suivis par l'administration. Pour les opérations qui ne concernent pas exclusivement les personnels, les avis des CTP sont par ailleurs soumis à des assemblées consultatives plus larges — les conseils de l'Éducation nationale — où siègent également des représentants des collectivités locales, des préfets et des usagers.

---

arbitrages [Geay, 1994]. Les commissaires paritaires se trouvent donc en mesure d'intervenir dans le contrôle mais aussi dans la définition des procédures de régulation de la profession. Les réunions des organismes paritaires font à cet effet l'objet d'un minutieux travail de préparation, qui vise à intervenir en amont, dans l'élaboration des règles et la mise au point des procédures, à connaître le détail des situations individuelles ou locales et à proposer des solutions ayant les meilleures chances d'être acceptées par l'administration.

Dans le premier degré, chaque équipe syndicale départementale consacre toute une partie de son temps de décharge de service à la collecte et à la mise à jour d'informations relatives aux carrières et aux situations locales. Dans le second degré, la centralisation des opérations les rend d'autant plus lourdes. Les commissaires paritaires nationaux siègent chaque année plusieurs jours dans la capitale, jusqu'à deux semaines pour les catégories les plus importantes. Les syndicats font remplir par leurs adhérents des fiches de demandes de mutation, qui leur permettent de préparer les commissions parallèlement à l'administration. Soucieuces d'apparaître comme les plus efficaces, les organisations majoritaires s'efforcent de fournir une information précise à ceux qui se sont adressés à elles, dès la fin des opérations. Le SNES s'est en particulier lancé dans une véritable compétition avec l'administration, ajoutant d'année en année de nouveaux perfectionnements à la diffusion des résultats : envoi le soir même — par courrier et maintenant par minitel — et renseignements de plus en plus fins sur les opérations elles-mêmes [Robert, 1993].

La fonction de contrôle des personnels à laquelle participent les représentants explique sans doute en partie la forte syndicalisation de ces professions, à la fois parce que les agents peuvent y voir collectivement la garantie d'une gestion plus équitable, et parce qu'ils peuvent recourir au soutien syndical pour défendre leurs intérêts individuels au moments clés de leur carrière [Chapoulie, 1973]. Elle contribue ainsi à la reproduction d'un pouvoir syndical à forte composante bureaucratique, fondé en grande partie sur le service à l'adhérent. Les organisations majoritaires sont par ailleurs fréquemment accusées d'utiliser cette participation à la gestion pour « placer » des personnels qui leur soient favorables dans les positions les plus stratégiques, telles que les postes dans l'administration, dans la hiérarchie ou dans les institutions de formation. En fait, les syndicats se trouvent de ce point de vue dans une contradiction permanente, pris entre une logique de promotion de règles universelles, et une logique de défense de leurs intérêts et de ceux de leurs clientèles.

Les réseaux de l'enseignement supérieur

Dans l'enseignement supérieur, les syndicats ne sont pas en position de constituer cette sorte d'administration parallèle. Les établissements disposent d'une plus grande autonomie, en particulier les universités, où les organes décisionnels sont des assemblées d'élus, sur lesquelles l'administration centrale n'exerce qu'un contrôle externe. Pour tout ce qui relève de la gestion des moyens, les universités établissent leurs propres priorités et nouent des relations contractuelles avec l'État. Elles disposent de marges financières, leur permettant d'effectuer certains recrutements de vacataires ou de contractuels.

Les recrutements et les mutations des enseignants-chercheurs se font quant à eux au cas par cas, sur la base de « profils » scientifiques et pédagogiques. Recrutements, mutations et avancement sont placés sous la responsabilité des commissions de spécialistes, composées d'enseignants-chercheurs titulaires élus localement par les pairs, sous le contrôle de commissions nationales, elles aussi spécifiques à chaque discipline. La stratification hiérarchique reste relativement prégnante, en dépit des réformes accomplies depuis mai 1968. Les professeurs des universités, qui représentent un peu plus du quart des enseignants en fonction, occupent la plupart des postes de responsabilité importants et disposent obligatoirement de la moitié des sièges des commissions de spécialité, l'autre moitié revenant aux autres catégories d'enseignants-chercheurs titulaires, principalement les maîtres de conférences.

Les syndicats ne sont toutefois pas exclus de ces procédures complexes et diversifiées. En premier lieu, parce qu'ils sont représentés dans les différentes assemblées des universités, et sont ainsi en mesure d'intervenir directement dans le gouvernement de l'institution. En second lieu, parce que les commissions scientifiques nationales sont élues en partie sur listes syndicales, et peuvent favoriser la promotion ou bloquer le recrutement ou le changement de corps de tel ou tel enseignant-chercheur. Il existe également un CTP des enseignants de statut universitaire, consulté pour tous les projets ayant trait aux statuts. Mais le syndicalisme n'est que l'une des forces d'un système où se croisent de nombreux réseaux fondés sur les clivages disciplinaires, les distinctions sociales et géographiques par université et par faculté, les strates hiérarchiques, les affinités intellectuelles ou politiques [Cacouault et Œuvrard, 1995]. Il ne trouve le plus souvent à s'appuyer que sur les couches les plus démunies de pouvoir matériel ou symbolique au sein de l'institution, et sur les catégories bloquées dans leur carrière en raison des transformations du mode de recrutement et d'avancement [Bourdieu, 1984].

Un processus d'autonomisation professionnelle ?

Considéré dans son ensemble, le syndicalisme de l'enseignement apparaît ainsi constitué autour d'un modèle ambivalent, où la logique de la gestion croise celle de la revendication. Plus ou moins présent dans l'ensemble de la fonction publique, il n'est pas fortuit que ce modèle se soit particulièrement développé au sein des classes moyennes, et plus précisément dans les professions de l'enseignement. L'intervention sur les critères de recrutement ou de promotion se réalise en effet sur la base de la qualification du travail et de sa reconnaissance dans des statuts [Chapoulie, 1973].

Même s'il diffère des modèles professionnels qui prévalent dans les professions libérales, notamment parce qu'il intègre une culture syndicale ouvrière, ce modèle peut être envisagé comme l'aboutissement d'un processus de professionnalisation, entendu comme constitution d'une autonomie professionnelle garantie par l'État [Robert et Mornettas, 1995]. On remarquera néanmoins que cette conquête d'une autonomie relative n'a guère remis en cause les traditions culturelles et l'organisation hiérarchique de l'institution, et qu'elle s'est accompagnée de la formation d'une sorte de corps intermédiaire de spécialistes, qui ne facilite pas nécessairement l'autonomie des personnels eux-mêmes.

4. L'ambition universaliste

Le caractère utilitaire de l'adhésion et l'intégration institutionnelle ne sont qu'une des facettes du syndicalisme enseignant. Même si l'attachement aux grands idéaux émancipateurs s'est quelque peu émoussé depuis le milieu du siècle, l'adhésion et surtout le militantisme au sein des organisations syndicales de l'enseignement conservent une forte dimension politique, en relation avec la position sociale des personnels.

Ainsi, la position moyenne des enseignants dans l'espace social, et, selon la terminologie proposée par Bourdieu, la supériorité de leur « capital culturel » sur leur « capital économique » permettent de comprendre leur préférence pour les organisations politiques ou syndicales de gauche [Bourdieu, 1979]. De même, leur attachement à l'extension du système scolaire et à un certain parlementarisme ne sont-ils pas sans lien avec leur position au sein de l'institution scolaire et de l'État [Geay, 1994]. De ce point de vue, la situation française n'a rien de spécifique. Dans tous les pays comparables à la France — Europe occidentale, États-Unis, Japon —, les groupes professionnels enseignants présentent des caractéristiques sociales et politiques analogues [Auba et Leclercq, 1985].

La laïcité fut, au moins jusqu'aux années soixante-dix, le concept unificateur des représentations dominantes au sein de l'espace syndical enseignant. La pensée laïque se liait autant au progressisme social — dans la définition duquel la diffusion culturelle et l'émancipation humaine tenaient une place privilégiée — qu'à la défense des institutions républicaines et de l'école publique — à laquelle s'associaient un certain conservatisme institutionnel et l'attachement à l'unité du corps enseignant. Cette vision du monde, qui s'exprimait de la façon la plus forte dans le discours du courant majoritaire du SNI et de la FEN, portait la marque d'une certaine ambiguïté à l'égard du syndicalisme ouvrier [Aubert et *al.*, 1985]. Loin de s'inscrire dans la perspective d'un bouleversement de la société et de l'État, il s'agissait d'en promouvoir l'évolution, dans le strict respect des lois et de l'autorité publique. La République, institutrice des masses, devait produire le socialisme. Et si les syndicalistes enseignants devaient se montrer solidaires des luttes ouvrières — dirigées contre le patronat et souvent contre l'État —, ils réservaient eux-mêmes leurs attaques les plus vigoureuses à ceux qui s'en prenaient aux institutions républicaines et à leurs principes laïques.

La laïcité ne semble plus au cœur de l'action syndicale enseignante et n'a plus une fonction idéologique aussi forte. Mais elle peut encore jouer comme un puissant ressort de mobilisation, comme on a pu le constater au début des années quatre-vingt, lors des rassemblements en faveur de l'intégration à l'enseignement laïque des établissements privés subventionnés, et de façon encore plus éclatante, le 16 janvier 1994, à l'occasion de la manifestation contre la révision de la loi Falloux.

Les variations autour du modèle républicain

Pendant toute la période d'hégémonie de la FEN, le discours du SGEN entretenait un rapport paradoxal à la pensée laïque. D'un côté, ses thèses apparaissaient en bien des points en rupture avec celles de la FEN : critique de l'intransigeance des laïcs à l'égard des catholiques de l'enseignement public, propositions de réformes moins respectueuses des traditions scolaires, revendication d'un mouvement syndical pluriel. De l'autre, le SGEN luttait contre les subventions à l'école privée et pour la déconfessionnalisation de la CFTC. Tout en utilisant un langage plus modéré que la FEN, il justifiait son affiliation à la centrale chrétienne puis à la CFDT par la nécessité d'être véritablement solidaire des luttes ouvrières, et s'engageait souvent plus avant dans la lutte politique, notamment au moment de la guerre d'Algérie [Singer, 1987]. Sur bien des points, il était donc loin d'adopter des positions inverses de celles du courant dominant, mais semblait en quelque sorte le prendre au mot.

Les changements culturels qui se sont manifestés autour de mai 1968 et l'arrivée de nouvelles générations de militants ont conduit le SGEN à radicaliser son discours critique à l'égard du système d'enseignement et de la société, et à placer au second plan ses exigences laïques. Depuis les années quatre-vingt, il a abandonné ses positions « gauchistes », et cultive l'image d'un syndicat promoteur des innovations pédagogiques, soucieux de démocratiser l'institution scolaire.

Dans le même temps, le SNI et la FEN se sont éloignés de

la tradition laïciste et républicaine, au profit d'un discours moderniste, proche de celui du SGEN. Ils ont notamment repris à leur compte le thème de la « rénovation de l'enseignement » et se sont prononcés en faveur de l'« ouverture » de l'école aux parents d'élèves, au monde des entreprises, et aux réalités culturelles qui l'environnent. Dénonçant cette évolution et le « démantèlement » du service public qu'elle accompagnerait, les syndicats Force ouvrière se sont efforcés d'apparaître comme les meilleurs défenseurs des traditions laïques, de la liberté et de l'indépendance de chaque enseignant à l'égard de tous les pouvoirs, à l'exception de sa hiérarchie.

Les discours des tendances minoritaires de la FEN — que l'on retrouve désormais à la FSU — se sont eux aussi sensiblement transformés depuis les années soixante-dix. Animé par les communistes, le courant Unité et Action se distinguait de la tendance majoritaire par son analyse marxiste des transformations économiques et sociales, et sa franche hostilité à l'égard des réformes scolaires mises en œuvre à partir des années soixante, présentées comme dangereuses car tout à fait insuffisantes dans leurs objectifs et leurs moyens. Jugées trop conciliantes, les positions majoritaires étaient également critiquées en ce qu'elles isolaient le syndicalisme enseignant du reste du mouvement syndical. Après sa conquête des principaux syndicats de l'enseignement secondaire et supérieur, autour de 1968, Unité et Action a de plus en plus intégré à sa doctrine les revendications traditionnelles des corps de l'enseignement secondaire. Suivant l'évolution du milieu enseignant, le courant a ensuite abandonné l'aspect le plus « politisé » de son discours, valorisant une pratique syndicale cherchant à épouser les revendications de la « base ».

Héritière du syndicalisme révolutionnaire du début du siècle, l'École émancipée se présente traditionnellement comme « anticléricale, anticapitaliste et antihiérarchique ». Elle plonge également ses racines dans la contestation et l'expérimentation pédagogiques. Ainsi, au moins jusqu'aux années quatre-vingt, nombre de ses militants étaient issus du mouvement Freinet (École moderne). Son attachement à la laïcité et à l'unité de la FEN l'ont longtemps rapprochée du courant majoritaire de la fédération, ses positions étant souvent perçues comme une expression plus radicale de la même tradition professionnelle.

Mais elle s'en distinguait par son rejet des oppositions corporatives et son appel à une transformation révolutionnaire de la société. Victime de plusieurs crises internes depuis les années soixante, l'École émancipée a vu peu à peu son audience diminuer. Elle a retrouvé une certaine influence au sein de la Fédération syndicale unitaire, au prix d'une acceptation au moins provisoire de la segmentation corporative qu'a entérinée la nouvelle fédération.

Une capacité singulière de légitimation

Le système de représentations politiques attaché au mouvement syndical enseignant semble en définitive être devenu plus flou dans ses contours, et plus diversifié. Le discours syndical s'est en outre beaucoup recentré sur les préoccupations corporatives. Quelques thèmes, comme la laïcité ou la solidarité avec les combats humanistes, continuent néanmoins à figurer de façon récurrente dans le discours des principales organisations. D'autres se sont particulièrement développés au cours de la dernière décennie, telle la lutte contre l'« échec scolaire » ou contre l'« exclusion ». Le thème de la « démocratisation » de l'école s'est également maintenu tout en se brouillant. L'unification progressive des établissements et des filières de l'ancien enseignement primaire supérieur et de l'enseignement secondaire et l'accès aux études longues d'une part croissante de la population ont en effet partiellement vidé de sa susbstance la revendication d'un enseignement ouvert à tous, tout en montrant les limites des réformes structurelles.

En dépit de l'espèce de désenchantement que traduit ce brouillage idéologique, le syndicalisme enseignant conserve une capacité singulière à établir un lien entre les intérêts des professions qu'il représente et les idéaux les plus universels, qu'il s'agisse du droit à l'éducation, des libertés démocratiques ou de la promotion sociale des plus démunis. Cette capacité à se légitimer en fait un cas particulièrement typique du syndicalisme des services publics.

5. Le monde à part de l'enseignement privé

Non établie jusqu'aux débuts de la IIIe République, la séparation des personnels des établissements laïques et des établissements confessionnels se met en place avec l'instauration d'un enseignement d'État fondé sur la laïcité, et se renforce avec les luttes scolaires de la fin du siècle et l'adoption de la loi de séparation de l'Église et de l'État en 1905. Plusieurs syndicats de l'enseignement privé apparaissent au tournant du siècle et créent une fédération de l'« enseignement libre », qui revendique huit mille membres en 1919.

A côté de cette organisation autonome, apparaît en 1938 un pôle confédéré, avec la fondation de la Fédération française des syndicats chrétiens de l'enseignement libre, au sein de la CFTC. Cette dernière fédération connaît ensuite une évolution comparable à l'ensemble de la centrale chrétienne, la volonté d'émancipation à l'égard de l'Église catholique s'affirmant avec d'autant plus d'intensité qu'on est ici en présence de personnels placés sous la tutelle de la hiérarchie ecclésiastique. Lors de la scission de la confédération en 1964, elle rejoint massivement la CFDT, au sein de la Fédération de l'enseignement privé (FEP). La CFTC « maintenue » doit alors recréer son propre syndicat dans le secteur, le Syndicat national de l'enseignement chrétien (SNEC). Trois organisations se partagent donc la représentation des personnels de l'enseignement privé : la FEP-CFDT, le SNEC-CFTC et le Syndicat professionnel de l'enseignement libre catholique (SPELC), issu de la fédération autonome mais adhérent du Groupe des dix. Les deux premières obtiennent actuellement des résultats comparables lors des élections professionnelles — autour de 35 % des suffrages exprimés —, la troisième conservant autour de 25 % des voix.

Les positions exprimées par le SNEC sont sans ambiguïté. De même que la direction de l'enseignement catholique ou les Associations de parents d'élèves de l'enseignement libre (APEL), il défend de façon résolue le caractère « spécifique » de l'enseignement privé tout en revendiquant des moyens strictement égaux à ceux de l'enseignement public. La FEP se place au contraire dans la perspective d'une redéfinition de la place de l'enseignement privé dans le « service public d'éducation ».

Elle se singularise notamment par sa revendication d'un statut de droit public pour l'ensemble des personnels de l'enseignement privé subventionné, et de l'alignement de leurs salaires et régimes de retraite sur ceux des enseignants publics. Mais comme les autres syndicats de l'enseignement privé, elle se montre en général favorable au développement des moyens attribués aux établissements sous contrat, y compris lorsque sa revendication d'une transformation du système n'est pas satisfaite. Le SPELC entend de son côté frayer une voie intermédiaire entre la perpétuation du « dualisme scolaire » et la perspective de la fonctionnarisation [Robert, 1995].

La prégnance du clivage public-privé

Les relations qui se sont nouées historiquement entre la FEP et le SGEN, et le SGEN et la FEN illustrent bien le poids considérable des relations entre l'enseignement public et l'enseignement privé dans la constitution des modèles syndicaux de ce secteur. Alors même que le SGEN fut, jusqu'aux années quatre-vingt, constamment tenu à l'écart du « camp laïque » par le SNI et la FEN, et que la FEP est apparue comme la fédération de l'enseignement la plus ouverte à la perspective d'une intégration au système public, les relations entre les deux fédérations de la CFDT ont souvent été tendues ou inexistantes. D'un côté, les militants de la FEP reprochaient à ceux du SGEN leur peu de considération pour la situation de personnels au statut médiocre et en butte à leur hiérarchie. De l'autre, ceux du SGEN estimaient souvent l'unification du système non prioritaire ou irréalisable, et craignaient les effets dévastateurs des positions parfois ambiguës de la FEP. On a pu à nouveau constater de telles dissensions en décembre-janvier 1994, lors de la tentative de révision de la loi Falloux.

Mais c'est c'est sans doute en 1983-1984 que la situation fut la plus confuse et la plus tendue, au moment où le ministre Alain Savary tentait de faire aboutir par la négociation le projet d'« unification laïque » du système éducatif. Mis en difficulté dans leur milieu professionnel, impatients de voir aboutir une réforme qui mettait à l'ordre du jour la fonctionnarisation des personnels du privé et insatisfaits de la faible mobilisation du SGEN et de la CFDT, une partie des militants de la FEP quittèrent la confédération, pour rejoindre, à la surprise générale, la très laïque FEN, au sein du Syndicat national pour l'unification du service public d'éducation et la défense des personnels de l'enseignement privé (SNUDEP-FEN). Cette alliance inédite — dont l'intitulé du nouveau syndicat soulignait le caractère périlleux — permettait aux personnels du privé d'être défendus par l'organisation la plus importante du monde éducatif, et à celle-ci de prendre pied dans un secteur qui lui échappait jusqu'alors. Mais elle supposait que la loi élaborée par Savary soit effectivement appliquée. Le retrait du texte en juillet 1984 et l'abandon de tout projet de réforme en ce domaine conduisirent la FEN à dissoudre le SNUDEP deux ans plus tard.

II / Genèse d'un syndicalisme de corps

La logique particulière du syndicalisme de l'enseignement public, qui combine régulation corporative et expression revendicative, apparaît assez inhabituelle dans le cadre du syndicalisme français. La reconstitution de ses origines permet de comprendre à quel point ce mode de représentation professionnelle est le produit d'un lent travail de construction, pensé et systématique, mais intimement lié aux conditions sociales et institutionnelles dans lesquelles il a vu le jour [1].

1. Les luttes pour la représentation professionnelle

Dès le début du XIXe siècle, on note l'existence d'associations d'enseignants et de gazettes où s'expriment les aspirations des instituteurs ou des professeurs [Gerbod, 1966]. Le ton reste souvent feutré, en raison des pressions exercées par les autorités monarchistes, mais devient parfois nettement revendicatif, comme dans *L'Écho des instituteurs*, fondé en 1845 par Arsène Meunier, ancien directeur d'école normale et farouche partisan

---

1. Pour tous les passages historiographiques de cet ouvrage, on a croisé systématiquement les informations fournies par de nombreux ouvrages qu'il serait fastidieux de rappeler à chaque occasion (parmi les plus utilisés : Alleg [1981], Aubert et *al*. [1985], Aigueperse et Chéramy [1990], Geay [1994], Lefranc [1978], Mouriaux [1996], Prost [1970], Prost [1992], Robert [1995] et Singer [1987]). On n'indiquera que quelques sources complémentaires fournissant des indications sur certains points spécifiques.

de la laïcité de l'enseignement. De nombreux groupements voient le jour dans la vague révolutionnaire de 1848. Mais avec l'accession au pouvoir de Louis-Napoléon Bonaparte, toutes les associations sont démantelées et la répression s'abat sur tous ceux qui ont soutenu le régime républicain. Environ quatre mille instituteurs et sept cents professeurs sont renvoyés — pour trente-cinq mille maîtres du primaire et quatre mille du secondaire ou du supérieur. Les instituteurs sont placés sous la tutelle directe de l'Église.

L'activité associative connaît un certain renouveau dans l'enseignement secondaire à la fin du second Empire, lorsque Victor Duruy est nommé au ministère de l'Instruction publique. L'Église n'est plus l'alliée privilégiée du pouvoir impérial, et les fractions cultivées de la bourgeoisie encouragent les progrès de l'instruction. En 1866, Jean Macé, un instituteur alsacien « quarante-huitard », crée la section française de la Ligue de l'enseignement, d'origine belge. Les groupements créés restent toutefois étroitement surveillés par le gouvernement. Mal payés et soumis aux notables locaux et à l'Église, les instituteurs sont de plus en plus hostiles au cléricalisme et aspirent à un renforcement d'une administration encore faiblement structurée dans l'enseignement primaire. Ils sont à nouveau nombreux à participer aux luttes révolutionnaires de 1871. Quatre d'entre eux sont membres du Conseil général de la Commune de Paris [Bron, 1973]. Après l'écrasement de la Commune, c'est à nouveau la répression qui prévaut dans les premières années de la IIIe République.

Avec l'accès au pouvoir des républicains, la situation change radicalement. La pouvoir s'appuie désormais sur l'école et sur les valeurs laïques pour fonder un nouvel ordre politique. Les associations d'enseignants sont encouragées par le ministère, au moins dans un premier temps. L'enseignement primaire fait l'objet d'une profonde réorganisation. La promulgation des lois laïques, au cours des années 1880, renforce l'autonomie de l'institution primaire, le prestige des maîtres et leur solidarité avec leur administration. Les écoles sont placées sous la tutelle de l'État et de la commune, le personnel congréganiste est mis à l'écart et les instituteurs sont intégrés à la fonction publique. Ils sont représentés au sein des conseils départementaux de l'Instruction primaire. Des écoles normales de filles sont créées dans tous les départements, et la formation normalienne prend un contenu beaucoup plus ambitieux. Promu missionnaire de la République, l'instituteur n'est plus seulement en charge de la diffusion des savoirs minimaux — lecture, écriture, calcul. Il doit assumer la formation du citoyen.

La condition des instituteurs et l'émergence de l'amicalisme

La promotion culturelle des maîtres reste cependant limitée. Par la formation qu'ils reçoivent, faite d'encyclopédisme et d'inculcation de la bonne tenue — morale ou corporelle —, ils apprennent à mesurer la distance entre la culture primaire et la culture dominante, représentée par l'enseignement secondaire et l'Université [Delsaut, 1992]. Car les deux ordres d'enseignement se développent en parallèle, perpétuant les clivages sociaux de la façon la plus manifeste : d'un côté, l'école du peuple, avec les écoles primaires et maternelles, les écoles primaires supérieures, les écoles normales d'instituteurs, dont les professeurs sont issus des écoles normales supérieures de Fontenay et Saint-Cloud ; de l'autre, l'école des notables, avec les collèges et les lycées, les classes élémentaires qui les alimentent et l'Université qui en est le débouché naturel.

La situation sociale des instituteurs est également des plus ambivalentes. Proches physiquement et socialement de la classe ouvrière et de la paysannerie, leur intégration à l'État et le rapport distant à la population que suppose leur statut tendent à les en éloigner [Muel-Dreyfus, 1983]. Enfin, leur situation matérielle est souvent difficile, avec des traitements qui demeurent modestes, et un isolement qui, lorsqu'il se double du célibat, apparaît particulièrement douloureux pour les femmes [Berger, sd].

Les espoirs suscités par la politique scolaire des républicains, les valeurs humanistes sur lesquelles elle se fonde et les difficultés du métier vont alimenter le mouvement corporatif naissant. Des amicales d'anciens normaliens, des sociétés mutuelles, des cercles pédagogiques se créent, des congrès nationaux des amicales sont organisés, encouragés et encadrés par le ministère. L'anticléricalisme, ancien dans le milieu, ne fait que se renforcer au fil des affrontements qui jalonnent l'application des lois fondamentales, et la laïcité s'installe durablement comme la valeur centrale de l'identité professionnelle des instituteurs.

Mais, en quelques années, le mouvement devient dangereux pour le gouvernement [Ferré, 1958]. En mars 1887, un groupe d'instituteurs parisiens décide de se constituer en syndicat, profitant de la loi de 1884 sur les syndicats professionnels. Au troisième congrès des amicales qui se tient peu après, le groupe fait adopter un vœu préconisant la création d'une fédération nationale de « sociétés autonomes d'instituteurs ». Au nom de l'unité et de la souveraineté nationales, le ministre Spuller interdit officiellement tout syndicat et toute fédération dans la fonction publique.

Les amicales se développent à nouveau à la fin du siècle, au moment de l'affaire Dreyfus [Ozouf, 1973]. Dans une situation où l'armée et toute une partie de l'appareil d'État apparaissent profondément réactionnaires, une partie du corps associe aux thèmes républicains et anticléricalistes une certaine sympathie pour les thèses socialistes. Les dirigeants amicalistes se rapprochent des républicains radicaux et des socialistes, et, sans que le projet soit partagé par l'ensemble des amicalistes, affirment attendre des conditions favorables pour transformer les amicales en syndicats.

Deux stratégies en concurrence

Le courant syndicaliste connaît quant à lui un nouveau départ, en dépit de la circulaire Spuller toujours en vigueur. Le syndicalisme ouvrier est alors en voie d'unification et d'expansion, depuis qu'en 1895 a été fondée la Confédération générale du travail (CGT), au sein de laquelle s'intègre quelques années après la Fédération des bourses du travail. Il constitue un pôle de ralliement pour une partie des nouvelles générations d'instituteurs, issus d'un système primaire revalorisé, dotés d'un brevet supérieur et non plus du seul brevet élémentaire, et qui n'acceptent pas les rapports de pouvoir internes à la profession.

Ces partisans du syndicalisme révolutionnaire et du socialisme rejettent en particulier le système des « recommandations » politiques, selon lequel les élus de tous bords interviennent directement dans les carrières des maîtres. Ils s'en prennent également aux directeurs d'école, véritables potentats locaux, qui disposent alors d'une forte autorité administrative et pédagogique sur leurs adjoints, et les hébergent, moyennant pension et dans bien des cas brimades et humiliations [Ozouf, 1973].

Bien que nettement minoritaires, leur projet est de constituer au plus vite de véritables syndicats d'instituteurs, totalement indépendants de l'institution scolaire et de sa hiérarchie, et de rejoindre la CGT. En rupture avec les traditions amicalistes, ils n'adoptent pas pour autant tous les principes du syndicalisme de l'époque, dominé par le courant anarchiste. Ils renoncent ainsi à toute participation à la grève générale, pour ne pas exposer les enfants d'ouvriers à l'« insécurité ». Plutôt anti-autoritaires et réticents à l'égard du parlementarisme, ils se reconnaissent également dans la pensée de Jaurès [Flammant, 1982].

L'accès au pouvoir des républicains radicaux et le vote de la loi de 1901 sur les associations élargissent les possibilités d'action des militants les plus modérés. Les amicales se multiplient, en pleine légalité, dans l'ensemble de la fonction publique, mais principalement chez les postiers et les instituteurs. Les partisans du mode d'action syndical, parmi lesquels certains dirigeants des amicales, passent eux aussi à l'offensive, s'organisant provisoirement en associations départementales, les « sections d'émancipation ». Aux élections au conseil départemental de 1904, les candidats de l'Émancipation de la Seine emportent un large succès. La même année, le cercle pédagogique du Var se transforme en syndicat, avec le soutien de la Fédération des bourses du travail.

En 1905, neuf syndicats départementaux créent la Fédération nationale des syndicats d'instituteurs (FNSI), qui proclame sa volonté de s'affilier à la CGT. Le gouvernement républicain de gauche engage des poursuites contre les syndicalistes parisiens, mais, bénéficiant du soutien des socialistes, l'organisation illégale se maintient. Le journal *L'Humanité*, fondé un an auparavant par Jaurès, publie le 26 novembre un texte fondateur, rédigé par les amicalistes-syndicalistes qui se trouvent à la tête des amicales parisiennes, notamment Émile Glay, conseiller départemental élu sur la liste de l'Émancipation, et Louis Roussel, président de l'Amicale des normaliens de la Seine. Ceux des dirigeants de la FNSI qui ont été sollicités voient leurs noms mêlés à ceux de nombreux non-syndiqués, sans en avoir été prévenus. Si la publication du *Manifeste* a un grand retentissement dans le monde politique, les conditions de sa préparation ne font qu'accroître les divergences entre dirigeants syndicalistes et dirigeants amicalistes.

Le manifeste des instituteurs syndicalistes

Après avoir souligné le flou juridique entourant le syndicalisme des fonctionnaires, les amicalistes et les syndicalistes à l'origine du texte exposent les raisons de leur adhésion au syndicalisme :

« Si l'on admet qu'il soit dans la nature des choses et de l'intérêt supérieur de l'État que la capacité syndicale soit refusée aux agents qui détiennent une portion de la puissance publique, on ne saurait s'en prévaloir pour dénier aux instituteurs le droit de se constituer en syndicats. Notre enseignement n'est pas un enseignement d'autorité. Ce n'est pas au nom du gouvernement, même républicain, ni au nom de l'État, ni même au nom du peuple français que l'instituteur confère son enseignement ; c'est au nom de la vérité. Les rapports mathématiques, les règles de grammaire, non plus que les faits d'ordre scientifique, historique, moral qui le constituent, ne sauraient dès lors être soumis aux fluctuations d'une majorité.

« Il découle de ces principes que le corps des instituteurs a besoin de toute son autonomie, et les instituteurs eux-mêmes de la plus large indépendance. Or, cette autonomie du corps enseignant primaire et cette indépendance de ses membres ne peuvent être pleinement réalisées que par la constitution en syndicats des associations professionnelles d'instituteurs.

« Les instituteurs syndicalistes croient, d'autre part, être dans le sens de l'évolution républicaine en réclamant pour leurs groupements corporatifs la forme syndicale, comme étant la seule qui convienne à l'organisation démocratique de l'enseignement primaire, qu'ils sont résolus à poursuivre.

« Les instituteurs sont, en effet, décidés à substituer à l'autorité administrative, qui avoue son impuissance devant les ingérences politiques, et aux influences politiques auxquelles ils ont été, jusqu'ici, obligés d'avoir recours pour corriger les injustices administratives, la force syndicale.

« Les instituteurs réclament la capacité syndicale pleine et entière. Toutefois, il est profondément injuste d'affirmer que leur préoccupation soit de conquérir le droit de grève. C'est, ils y insistent, dans une pensée d'organisation républicaine qu'ils demandent au pouvoir législatif de leur reconnaître la capacité syndicale.

« C'est, enfin, pour des raisons morales de l'ordre le plus élevé, que les instituteurs réclament le droit de se constituer en syndicats : ils veulent entrer dans les bourses du travail. Ils veulent appartenir à la Confédération générale du travail.

« Par leurs origines, par la simplicité de leur vie, les instituteurs appartiennent au peuple. Ils lui appartiennent aussi parce que c'est aux fils du peuple qu'ils sont chargés d'enseigner.

> « Nous instruisons les enfants du peuple, le jour. Quoi de plus naturel que nous songions à nous retrouver avec les hommes du peuple, le soir ? C'est au milieu des syndicats ouvriers que nous prendrons connaissance des besoins intellectuels et moraux du peuple. C'est à leur contact et avec leur collaboration que nous établirons nos programmes et nos méthodes.
>
> « Nous voulons entrer dans les bourses du travail pour y prendre de belles leçons de vertu corporative, et y donner l'exemple de notre conscience professionnelle.
>
> « Nous avons, de la forme syndicale, la plus haute conception. Le syndicat ne nous apparaît point créé uniquement pour défendre les intérêts immédiats de ses membres, mais il nous semble qu'il doit se soucier autant de rendre plus profitable à la collectivité la fonction sociale que ses membres remplissent.
>
> « Les syndicats doivent se préparer à constituer les cadres des futures organisations autonomes auxquelles l'État remettra le soin d'assurer sous son contrôle et sous leur contrôle réciproque les services progressivement socialisés.
>
> « Telle est la conception syndicale que nous voulons porter dans les bourses du travail. Et telles sont les raisons, d'ordre théorique et d'ordre pratique, pour lesquelles nous demandons au pouvoir législatif de reconnaître aux associations professionnelles d'instituteurs la capacité syndicale.
>
> « En attendant, nous engageons tous les instituteurs syndicalistes à adhérer aux syndicats déjà existants. »

Les deux courants poursuivent séparément leurs stratégies. En 1906 se crée la Fédération des amicales des institutrices et des instituteurs publics de France. L'année suivante, la FNSI adhère à la CGT, dans un contexte d'intense agitation sociale. Le pouvoir politique, prenant prétexte d'une affiche hostile à un projet de loi restreignant les possibilités de regroupement des agents de l'État, décide la révocation de six fonctionnaires, dont Marius Nègre, secrétaire général de la FNSI. Les dirigeants des amicales restent silencieux [Flammant, 1982].

Alors que la FNSI connaît dans les années qui suivent de graves difficultés, l'amicalisme ne cesse de se renforcer. Les mouvements de fonctionnaires se regroupent dans une même fédération et mènent une campagne d'opinion en faveur d'un statut garantissant aux fonctionnaires la fin de l'arbitraire administratif et politique. De nombreux parlementaires et des intellectuels, notamment Duguit et Durkheim, apportent leur soutien à la revendication « statutiste ». La FNSI fait à nouveau l'objet de poursuites en 1912, en raison de son soutien à la campagne du Sou du soldat, caisse de solidarité ouvrière en faveur des syndiqués sous les drapeaux. La presse conservatrice se déchaîne contre « l'antipatriotisme des instituteurs ». Le mouvement enseignant et, surtout, son courant syndicaliste s'en trouvent momentanément affaiblis. A l'approche de la guerre, la fédération syndicaliste a perdu une partie de ses quelques milliers d'adhérents, alors que la fédération des amicales rassemblent 85 000 instituteurs sur les 115 000 que compte la profession.

La segmentation de l'univers professoral

Pendant les premières décennies de la IIIe République, l'enseignement secondaire et supérieur reste à l'écart de cette évolution. Du point de vue institutionnel, la situation des professeurs n'est guère comparable à celle des instituteurs. A la différence du primaire, l'enseignement secondaire public a été constitué en corporation laïque dès le premier Empire. Jusqu'au vote de la loi Falloux, en 1850, le Conseil de l'Université a géré avec une relative autonomie le monopole de l'État sur les institutions de reproduction des classes dirigeantes, l'enseignement privé étant également placé sous sa tutelle. Les professeurs sont peu nombreux — à peine 10 000 à la fin du siècle —, et divisés entre de mutiples statuts, strictement hiérarchisés. Centrée sur la rhétorique et les belles-lettres, la culture secondaire continue de s'organiser autour du culte du classicisme, et le monde des lycées et des collèges reste un univers clos, où règne la discipline austère de l'internat.

Les lois fondamentales adoptées à partir de 1879 restructurent en partie le sous-système secondaire. Les programmes sont revus, renouant avec l'humanisme scientifique des réformateurs révolutionnaires du siècle précédent. Le Conseil de l'Université retrouve son autonomie. Les études longues s'ouvrent au public féminin. L'enseignement supérieur se sépare du secondaire, avec l'instauration de bourses de licence et la création d'établissements spécifiques. Mais dans le corps professoral, les traditions restent fortes. La République apporte aux enseignants des traitements plus confortables, surtout en fin de carrière. Ceux-ci restent néanmoins peu élevés, et leurs origines petites-bourgeoises, leur absence de fortune les conduisent souvent à « valoriser le seul trait qui les identifie à la bourgeoisie » : la culture universitaire classique [Prost, 1970]. En fait, le système se diversifie plus qu'il ne se transforme, et des tensions durables s'instaurent entre sections classiques et modernes.

Majoritairement favorables à la République, les professeurs ne paraissent pas aussi mobilisés que les instituteurs. Un mouvement associatif proche de celui qui se développe dans l'enseignement primaire prend forme, mais c'est seulement en 1897 que se tient le premier congrès national des professeurs. Et c'est la dispersion par discipline et par catégorie qui prédomine : associations des professeurs de philosophie, de langue, de mathématiques, de classes préparatoires, mais aussi de collèges et de lycées — distinction qui renvoie à deux types d'établissements et à deux traditions pédagogiques différentes pour l'ensemble de la scolarité secondaire, et non à la distinction premier/second cycle à laquelle on s'est accoutumé depuis les années soixante. En 1905, la Fédération nationale des professeurs de lycées et collèges de garçons constituée en 1897 s'ouvre aux professeurs de l'enseignement féminin, mais connaît aussitôt une scission, avec le départ des professeurs de collèges de garçons, qui se constituent en Fédération nationale des professeurs de collège. L'année suivante se crée une Fédération nationale des répétiteurs et surveillants de collège. Dans leur ensemble, les enseignants du secondaire se situent plutôt au centre gauche et restent à l'écart des mouvements d'inspiration socialiste.

2. La synthèse de l'amicalisme et du syndicalisme

La Première Guerre mondiale entraîne de profondes divisions parmi les socialistes et à la CGT. Jaurès assassiné et l'entrée en guerre largement acceptée au sein de la population, les socialistes modérés participent au gouvernement, au nom de l'« Union sacrée ». Une nouvelle politique sociale se met en place dans les industries de guerre, fondée sur la « collaboration » entre l'État, les syndicats et les directions d'entreprise, et qui s'avère favorable à une syndicalisation de masse. De son côté, le courant pacifiste se réorganise à partir de 1915. La prolongation et l'extension du conflit, les horreurs qui accompagnent cette guerre d'un nouveau genre ébranlent profondément les sociétés européennes. Après octobre 1917, la Révolution russe s'impose dans les esprits, comme nouvel espoir ou comme repoussoir.

La guerre terminée, la revendication sociale et l'agitation révolutionnaire reprennent, avec une force considérable. La CGT enregistre les adhésions par milliers. Les grèves se multiplient, souvent contre la volonté des dirigeants. En 1919, le gouvernement Clemenceau fait adopter une série de lois sociales, notamment la journée de travail de huit heures, sans parvenir à endiguer le mouvement. Puis, avec le succès électoral du Bloc national, la politique gouvernementale devient exclusivement répressive, la grève s'étend, puis échoue, suivie de près de 20 000 révocations chez les cheminots.

La CGT est plus que jamais divisée entre réformistes et révolutionnaires. Mais à la différence du Parti socialiste, où ces derniers ont conquis l'appareil et provoqué le départ des modérés, la ligne défendue par le secrétaire général Léon Jouhaux reste majoritaire. Les syndicalistes révolutionnaires abandonnent finalement la centrale en 1922, pour former une nouvelle organisation adhérente de l'Internationale syndicale rouge, la Confédération générale du travail unitaire (CGTU).

Sans être au centre du mouvement social, l'enseignement primaire est également en pleine ébullition. Les nouvelles générations de maîtres, marquées par les souffrances de la guerre, se montrent plus contestatrices. Les traditions autoritaires des écoles normales et les vieilles structures amicalistes leur deviennent insupportables. Il s'agit de construire un monde nouveau, de bâtir une paix mondiale, d'en finir avec l'injustice et la barbarie... L'éducation elle-même est prise à partie et la réflexion pédagogique connaît un nouvel essor, même si les tentatives de changement de méthodes sont souvent marginalisées par l'institution.

En fait, le contexte politique et professionnel de l'après-guerre s'avère particulièrement favorable à la stratégie des dirigeants de la Fédération des amicales d'instituteurs. Le syndicalisme qui voit le jour autour des pratiques de « collaboration » et les divisions entre réformistes et révolutionnaires renforcent la légitimité externe des revendications modérées des fonctionnaires. A l'intérieur de la profession, la pression des plus jeunes contribue à la transformation de l'amicalisme.

Passage au statut syndical et continuité avec l'amicalisme

Dès septembre 1919, la Fédération des amicales envisage sa transformation statutaire et son adhésion à la CGT. Mais, à la différence des associations de postiers qui ont adhéré à la centrale en janvier de la même année, la démarche de ses dirigeants, notamment Glay et Roussel, reste marquée par la prudence. Soutenus par la gauche parlementaire, ils espèrent obtenir une nouvelle loi, autorisant la syndicalisation des employés de l'État. En mars 1920, la Fédération opte finalement pour la forme syndicale. Elle concentre ses structures au niveau national six mois plus tard, pour échapper à la répression qui touche l'ensemble des syndicats, et devient le Syndicat national des institutrices et instituteurs publics de France et des colonies, le SN, comme on prend l'habitude de l'appeler à cette époque. La nouvelle organisation adhère à la CGT en 1922, après que le processus de scission de la centrale est allé à son terme, et que l'ancienne fédération des instituteurs syndicalistes l'a quittée pour rejoindre la CGTU.

La conversion au syndicalisme suscite encore de nombreuses réticences à l'intérieur de la profession, dont témoigne la création d'une nouvelle fédération amicaliste. Mais en quelques années, le SN parvient à retrouver une très large implantation, et la fédération dissidente disparaît. Ses résultats aux élections aux conseils départementaux témoignent de cette progression : sur les 370 sièges mis aux voix, il en obtient 303 en 1923, 337 en 1926 et 351 en 1929. Le nombre des adhérents qu'il revendique croît tout aussi régulièrement : 78 000 dès 1925 contre 55 000 en 1922, pour environ 120 000 instituteurs.

La transformation statutaire accomplie a surtout pour effet de concentrer les capacités d'intervention du mouvement au niveau national. En liaison avec les autres syndicats de fonctionnaires et avec les partis de la gauche gouvernementale, le SN devient un puissant groupe de pression. Ses dirigeants nationaux resserrent également leurs liens directs avec les adhérents, en mettant progressivement au point un bulletin syndical et pédagogique, au titre particulièrement symbolique :

L'École libératrice, dont le premier numéro paraît le 28 septembre 1929.

Mais le type de syndicalisme qui se construit est en bien des points dans la continuité de l'amicalisme. Ainsi les bulletins syndicaux départementaux ne font, au moins dans un premier temps, qu'une faible place à l'activité revendicative, au profit des chroniques pédagogiques ou nécrologiques [Vassal, 1987]. Le passage au mode syndical d'organisation se fait très progressivement, en fonction des traditions et des équilibres politiques locaux, et les dirigeants des amicales restent souvent en place jusqu'aux années trente. Le nouveau syndicat se montre également hostile à tout élargissement de ses structures à l'enseignement secondaire et supérieur. Loin de remettre en cause les traditions corporatives qui s'étaient constituées dans la première moitié de la IIIe République, le syndicalisme devenu dominant se fonde sur l'esprit de corps, lui donnant en quelque sorte une forme plus militante.

Le déploiement du syndicalisme de corps

Les institutions de soutien à l'école laïque et les multiples sociétés mutuelles qui s'étaient formées dans la dynamique des amicales ne sont pas délaissées. Elles sont au contraire relancées et restructurées, fédérées au niveau national, constituant progressivement un vaste réseau en relation étroite avec le syndicat dominant. Les réalisations les plus importantes de l'entre-deux-guerres sont la Société universitaire d'édition et de librairie (SUDEL), maison d'édition fondée par le SN en 1932, et la Mutuelle assurance des instituteurs de France (MAIF) créée en 1934 par quelques instituteurs des Deux-Sèvres, et dont les liens avec le syndicat national se resserreront peu à peu.

Autre forme d'intégration des traditions amicalistes au modèle syndical en construction, le SN met au centre de son action revendicative son opposition à l'enseignement confessionnel et à l'Église. Il se montre également particulièrement vigilant à l'égard des qualités laïques des candidats à des postes d'auxiliaires [Lévy-Lebrun, 1990]. Et s'il se déclare ouvertement socialiste, c'est dans la lignée des thèses jauressiennes les plus idéalistes : l'éducation et l'extension de l'État sont pour lui les moyens privilégiés de la transformation sociale. Plutôt que la grève, considérée comme dangereuse, les militants du SN préfèrent les démarches auprès des parlementaires.

L'accès au pouvoir du Cartel des gauches, en 1924, marque le début de la « collaboration » dans l'enseignement. François Albert, ministre de l'Instruction publique du gouvernement Herriot, ordonne aux inspecteurs d'académie de renouer le dialogue avec les syndicats enseignants, ce qui assure, de fait, leur reconnaissance. Anatole de Monzie, son successeur, négocie avec le SN la mise en place de comités consultatifs départementaux, chargés de participer à la gestion des carrières du personnel, et composés des inspecteurs primaires, des directeurs d'école normale et des délégués du personnel dans les conseils départementaux, toujours en place. Au fil des années, un système bureaucratique se développe peu à peu, au détriment des inspecteurs et des influences politiques locales. En 1936, le SN obtient la généralisation de la gestion par barème, et la représentation à parité des personnels et de l'administration dans les comités.

Le nouveau mode de régulation de la profession qui se met en place permet de réduire les effets politiques des divisions internes du groupe professionnel, en particulier l'opposition entre directeurs et adjoints. D'un côté, les prérogatives des directeurs sont réglementées ; de l'autre, les adjoints sont appelés à respecter les hiérarchies qui fondent la bonne marche de l'institution. Le syndicat dominant devient en fait le garant de l'unité des directeurs et des instituteurs.

Au-delà des divisions catégorielles, cette vision unificatrice de l'institution fait l'objet de tout un travail de mise en cohérence idéologique et de codification qui va constituer une sorte de clé de voûte symbolique et pratique du *syndicalisme de corps*. On en trouve la trace quasi juridique dans un manuel de droit scolaire et de morale professionnelle, *Le Code Soleil*, rédigé et publié annuellement par la SUDEL. Diffusé dans les écoles normales, parmi les candidats à la titularisation et dans la quasi-totalité des écoles primaires, il se présente comme un condensé des prescriptions et des principes de légitimité qui leur sont liés, que l'administration et le syndicat dominant formulent en commun à l'adresse de chaque instituteur. Par sa capacité à montrer que la même vision du monde trouve sa traduction dans toutes les institutions de l'enseignement primaire, il ajoute sa propre force symbolique au système organisationnel et aux pratiques dont il est l'expression.

La « Morale professionnelle » des instituteurs, un compromis entre familialisme et républicanisme

Éditée chaque année par la maison d'édition du Syndicat national des instituteurs de 1932 à 1981, la « Morale professionnelle » contenue dans le *Code Soleil* est un bon indicateur de l'histoire des représentations politiques propres à l'enseignement primaire. Ainsi, elle n'enregistre que des changements mineurs durant toute la période d'hégémonie du syndicalisme de corps, de la Libération à la fin des années soixante-dix. En une centaine d'articles et une quarantaine de pages, elle propose une vision cohérente de l'institution et de ses agents, que l'on peut rapporter à deux principes essentiels : le principe domestique et le principe républicain.

Ainsi, la référence au modèle familial et à l'autorité du « chef de famille » parcourt tout le texte, qu'il s'agisse des familles des élèves, de la pédagogie (usant « de bonté, d'équité, de patience, d'indulgence », l'instituteur est « à certains égards le suppléant du père de famille »), des relations avec les collègues ou avec l'inspecteur (auprès duquel il peut trouver « réconfort » et « appui ») ou des différences de comportement que l'on peut attendre de la part des membres féminins du corps (« sans vivre esseulée comme une sainte dans sa niche », l'institutrice ne doit pas « s'associer à des exubérances de mauvais aloi »).

Dans certains passages consacrés à la « vie publique » du maître, une large place est également faite aux droits du citoyen-instituteur et à l'origine révolutionnaire des institutions républicaines : « Il ne saurait être question de demander à l'instituteur une attitude conformiste, ni une morale de soumission ; l'école laïque, issue, ne l'oublions pas, de la Révolution, création de la République, est et doit demeurer une force antagoniste de toutes les formes d'oppression et de tyrannie. »

Quant aux domaines où pourrait s'exprimer une contradiction entre la vision familiale et la vision républicaine de l'institution, ils font l'objet de recommandations très spécifiques, qui marquent comme un point d'équilibre entre les deux principes. Ainsi le directeur d'école n'est pas un « chef » mais dispose d'une « autorité » sur ses collègues ; le conseil des maîtres a pour objet d'assurer « l'unité et l'harmonie » de l'école, et ses décisions ne peuvent faire l'objet d'un vote. De même le droit de grève est reconnu à l'instituteur, mais la « participation à une grève totale lui pose un grave problème de conscience » ; « la grève ne peut être déclenchée que par une réflexion mûrement délibérée des syndicats intéressés et selon des modalités définies par la loi ».

Par ce compromis codifié entre la légitimité issue du modèle patriarcal et la légitimité républicaine, c'est l'unité totale de la corporation qui est visée : « l'école est une », comme l'affirme le premier article consacré aux « relations avec les collègues ». Sur la base de la solidarité corporative dont les maîtres donneront ainsi l'exemple, il s'agit en fait de contribuer à l'édification d'un nouvel ordre politique : « Partant du foyer familial et de la société scolaire, vous élargirez le domaine de la solidarité humaine à la petite patrie, à la Patrie et à l'humanité. »

Sur les détails de cette analyse, cf. GEAY [1994] ; sur la grille d'interprétation utilisée, cf. L. BOLTANSKI et L. THÉVENOT, *Les Économies de la grandeur*, PUF, Paris, 1987.

Enfin, la force acquise par le syndicalisme de corps est à mettre en relation avec l'état de l'institution primaire au cours de l'entre-deux-guerres. Le système est alors à son apogée [Briand et Chapoulie, 1992]. Il dispose d'un réseau d'écoles, de structures administratives et de conceptions pédagogiques stables depuis le début de la IIIe République, et accueille désormais les enfants d'une population très largement alphabétisée et scolarisée par l'école républicaine. Sa fonction sociale est clairement reconnue, passeport pour la vie active pour les uns, voie d'accès à l'enseignement technique, aux emplois administratifs ou aux écoles normales primaires pour les autres. Par leurs origines, sans doute plus populaires qu'au début du siècle, les maîtres sont simultanément attachés à ce système qui a assuré leur propre promotion, aux « œuvres » laïques en plein essor qui contribuent à leur prestige, et à la possibilité d'exprimer collectivement leurs revendications et les espoirs qu'ils placent dans le socialisme [Berger, 1954 ; Briand et Chapoulie, 1992].

L'extension aux enseignements secondaire et supérieur

Si le monde primaire continue de se développer selon sa logique propre et constitue encore la base essentielle du syndicalisme enseignant dans les années qui suivent la Première Guerre mondiale, un courant syndicaliste émerge néanmoins dans l'enseignement secondaire et supérieur, ainsi que dans l'enseignement technique, en cours de structuration depuis le vote de la loi Astier en 1919.

Ludovic Zoretti, professeur de mathématiques à l'université de Caen, joue un rôle déterminant dans le développement du syndicalisme au-delà des frontières du primaire. Cet ex-normalien de la rue d'Ulm, adhérent à la SFIO depuis 1914, publie à la fin de la guerre un premier ouvrage, *L'Éducation*, particulièrement critique à l'égard du système d'enseignement. Celui-ci y est décrit comme un véritable enseignement de classe, notamment autour de la coupure entre le primaire et le secondaire. L'analyse est reprise et amplifiée par les Compagnons de l'Université nouvelle, anciens combattants de gauche en décalage avec la tradition universitaire, qui imposent le thème de l'« école unique ».

En août 1918, Zoretti dépose une demande d'adhésion à la FNSI, alors affiliée à la CGT. C'est l'occasion pour l'ancienne fédération syndicaliste des instituteurs d'envisager une réforme de ses structures. La conception de l'organisation syndicale et de l'école propre aux instituteurs syndicalistes rejoint celle de Zoretti : il ne peut être question de reproduire dans le syndicalisme la fragmentation du système. La FNSI se transforme donc peu après en Fédération des membres de l'enseignement laïque (FMEL), qui regroupe l'ensemble des catégories de personnel, avec des comités d'étude spécifiques pour chaque niveau d'enseignement.

A l'intérieur de la CGT, Zoretti et la majeure partie du groupe qu'il a constitué sont favorables aux orientations réformistes de la direction. Lorsque la centrale éclate en 1922, ils refusent de suivre la FMEL à la CGTU. Ils sont alors contraints de créer leur propre organisation, le Syndicat national des membres de l'enseignement secondaire et supérieur, qui adopte en 1924 les structures d'une fédération. Plusieurs groupements catégoriels constitués avant-guerre viennent peu après élargir son implantation en direction des professeurs de collège, répétiteurs, surveillants et professeurs adjoints de lycée. Elle revendique 300 membres en 1926, parmi lesquels des scientifiques de renom comme Paul Langevin, Marcel Mauss, Lucien Lévy-Bruhl...

Mais il n'existe encore aucun lien avec les instituteurs ex-amicalistes qui ont rejoint la CGT en 1922 et se refusent à toute fusion. Une nouvelle fois, la fédération « Zoretti » se tourne vers le SN pour lui proposer un rapprochement. Un accord est finalement conclu fin 1927. Contrairement aux vœux de Zoretti, il prévoit la création d'une fédération de syndicats nationaux par corps et niveaux d'enseignement. C'est ainsi qu'en décembre 1928 se tient le premier congrès de la Fédération générale de l'enseignement (FGE), composée de seize organisations, mais dont plus de 95 % des membres sont des instituteurs.

LES FILIATIONS DES PRINCIPALES FÉDÉRATIONS SYNDICALES
DE L'ENSEIGNEMENT PUBLIC

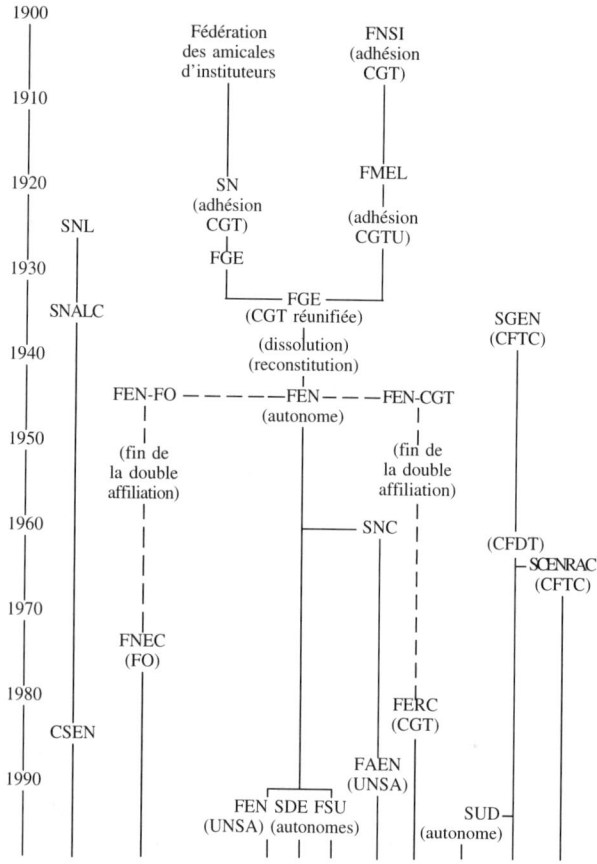

3. La structuration du champ syndical enseignant

Autour du SN et du modèle syndical dont il a établi les fondations au cours des années vingt, se mettent en place, dans les années qui précèdent et qui suivent la Seconde Guerre mondiale, les courants et les structures qui se perpétueront jusqu'aux années quatre-vingt. La période du Front populaire voit en particulier se réaliser l'unification de la FGE-CGT et de la FMEL-CGTU, et apparaître de nouveaux syndicats minoritaires. L'avant- et l'après-guerre sont aussi les moments où se définissent durablement la place de la vie corporative dans le syndicalisme enseignant, et ses relations avec le mouvement syndical interprofessionnel.

L'unification FGE-FMEL

Dans un milieu enseignant peu conquis aux thèses révolutionnaires, les quelques milliers de militants de la FMEL-CGTU s'efforcent de promouvoir une conception alternative des rapports sociaux et de l'éducation. A la défense des droits des enseignants, de leurs salaires et de la laïcité, la fédération « unitaire » associe le féminisme, le pacifisme internationaliste et la promotion d'un contre-enseignement prolétarien préfigurant l'éducation socialiste. Elle se distingue notamment par son action en faveur de l'utilisation des « patois », de l'« ortografe » simplifiée ou des méthodes nouvelles, fondées sur le sens critique et la coopération, comme celles mises au point par Célestin Freinet, instituteur dans les Alpes-Maritimes. Elle dispose pour ce faire de *L'École émancipée*, revue pédagogique fondée dès 1910 par la FNSI. Avec une réputation bien installée, en particulier pour son cahier central consacré à la vie scolaire, la revue permet de diffuser les analyses et les revendications des révolutionnaires de façon continue.

Mais la fédération « unitaire » est traversée de divisions de plus en plus vives, qui contribuent à son affaiblissement. A l'opposition entre la direction communiste et la minorité libertaire de la Ligue syndicaliste s'ajoutent, à partir de 1926, les clivages liés à l'évolution du régime soviétique. La fédération de l'enseignement entre en conflit avec la direction de la CGTU, en raison de son hostilité à la « direction unique » du parti communiste et de la confédération, et de ses réserves à l'égard de la « dictature du prolétariat ». Dès lors, trois tendances s'affrontent : la majorité (École émancipée), la Minorité oppositionnelle révolutionnaire (MOR) qui regroupe les communistes fidèles au parti et à la IIIe Internationale, et la Ligue syndicaliste, dont de nombreux militants rejoignent la FGE à la fin des années vingt [Girault, 1978].

La montée des fascismes et, plus particulièrement, la manifestation factieuse des ligues d'extrême droite, le 6 février 1934, instaurent un nouveau climat politique. La CGT, dans laquelle le SN joue un rôle de plus en plus important, appelle pour la première fois à une grève générale de vingt-quatre heures. Les contours d'une très large union antifasciste se dessinent rapidement. L'ensemble des forces politiques et syndicales de gauche se rassemblent au sein du Front populaire. Dans le même mouvement s'amorce un rapprochement entre la CGT et la CGTU, qui conduit à l'intégration de la FMEL à la FGE dès 1935, et à la réunification des deux centrales l'année suivante.

Avec la fusion des organisations enseignantes disparaît la structure de syndicat général multicatégoriel qui s'était maintenue à la fédération « unitaire » et qu'avaient constamment refusée les instituteurs du SN. La dynamique unitaire engagée permet toutefois de procéder à plusieurs regroupements à l'intérieur de la FGE unifiée, dans l'enseignement technique en 1936, et dans l'enseignement secondaire un an plus tard, avec la création du Syndicat des personnels de l'enseignement secondaire (SPES), par fusion des différentes organisations de professeurs de lycée, de professeurs de collège et de répétiteurs.

La création du SNALC et du SGEN

L'unification FGE-FMEL et l'engagement des syndicalistes enseignants dans le soutien actif au Front populaire ont également pour effet de précipiter la constitution d'un pôle « modéré » dans l'enseignement secondaire, où la FGE reste très nettement minoritaire. Le Syndicat national des lycées, demeuré à l'écart des deux organisations confédérées depuis les années vingt, s'élargit au personnel des collèges et de l'enseignement féminin, fait clairement le choix de l'autonomie et prend, en 1937, le titre de Syndicat national autonome des lycées et des collèges (SNALC). Il affirme une identité spécifique, où se combinent, dans le cadre d'une organisation laïque, le conservatisme politique et la défense des traditions secondaires.

La même année, des enseignants catholiques favorables au Front populaire créent le Syndicat général de l'Éducation nationale (SGEN), affilié à la Confédération française des travailleurs chrétiens (CFTC). Il traduit, dans le milieu enseignant, l'émergence d'un pôle social-chrétien opposé à la dérive réactionnaire de toute une partie de l'Église catholique, mais se tenant à l'écart du mouvement syndical laïque. Ses fondateurs, Paul Vignaux et Guy Renaud de Lage, sont deux normaliens de la rue d'Ulm. Dès 1928, ils se sont mis en relation avec la CFTC à l'occasion des grèves du textile, puis ont participé à la formation interne mise en place par la confédération. Dans le même temps, des associations d'enseignants chrétiens se sont constituées dans l'enseignement public, contre le contrôle particulièrement rigoureux que les militants laïques exercent sur les enseignants ou les candidats au recrutement que leur pratique religieuse rend suspects. La centrale chrétienne, fondée en 1919, tend de son côté à s'ouvrir à de jeunes ouvriers plus combatifs, même si elle reste très directement liée à l'Église et plutôt favorable à la « paix sociale ».

Profitant de la situation nouvelle créée par la mobilisation sociale qui accompagne la venue au pouvoir du Front populaire, Vignaux et Renaud de Lage s'appuient sur le réseau constitué dans les années antérieures, l'élargissent à un petit groupe d'instituteurs parisiens, et créent le nouveau syndicat, politiquement à mi-chemin de la FGE socialisante et du SNALC ou de la droite catholique. A la différence de sa confédération, le SGEN se définit dès sa fondation comme laïque. Il se distingue aussi par ses structures intercatégorielles, où se rencontrent enseignants de tous niveaux, et par ses positions avant-gardistes dans le domaine pédagogique ou en faveur de l'école unique. Il ne parvient toutefois à regrouper que quelques centaines d'adhérents avant la guerre.

L'épreuve de la guerre

Mais, en cette fin des années trente, la question qui déchire le monde syndical est d'abord celle de la paix. Depuis la Première Guerre mondiale, le SN n'a pas changé d'options : soutien à la Société des Nations, promotion de l'éducation pacifiste et des échanges scolaires franco-allemands. Le problème devient cependant beaucoup plus brûlant avec l'accès au pouvoir des nazis et le réarmement de l'Allemagne. Le SN et la FGE se distinguent de plus en plus par leurs positions ultrapacifistes. Ils militent pour la non-intervention dans la guerre d'Espagne et pour une diplomatie de conciliation avec le Reich, soutiennent les accords de Munich, en 1938.

Cette option ne fait pas l'unanimité. A l'intérieur de la FGE, les ex-« unitaires » dénoncent la collusion des démocraties avec les fascismes. A l'extérieur, le SGEN se montre favorable à une politique de plus grande fermeté. Mais le corps des instituteurs, par une sorte d'aveuglement collectif, reste massivement attaché à une vision idéaliste de l'homme constitutive de son identité. Et le secrétaire général du SN, André Delmas, est l'un des syndicalistes les plus engagés dans la lutte pour la défense de la paix à tout prix. A l'approche de la guerre, les tensions sont de plus en plus vives au sein de la FGE et dans l'ensemble de la CGT. Après la signature du pacte germano-soviétique le 23 août 1939, les communistes adoptent une position beaucoup plus favorable à la recherche de la paix, alors que la tendance animée par Delmas prend la position inverse. La rupture est totale lorsque, début septembre, les troupes soviétiques franchissent les frontières polonaises. La direction de la CGT, activement soutenue par le SN, décide d'exclure les communistes de l'organisation.

A partir de juillet 1940, le régime pétainiste multiplie les mesures répressives et met en place de nouvelles institutions, profondément antirépublicaines. Les loges maçonniques sont interdites, les syndicats dissous. Les Juifs sont exclus des emplois de l'enseignement. Les écoles normales sont fermées et les programmes de l'enseignement primaire revus, alors que les congrégations religieuses sont à nouveau autorisées à enseigner, et le secondaire classique revalorisé. Le pouvoir met en place de nouvelles associations professionnelles, avec en perspective la constitution d'un ordre politique fondé sur de grandes corporations d'État.

Les enseignants, comme l'ensemble de la population, se tiennent dans leur majorité à l'écart de tout engagement [Sweets, 1986]. Les consignes du pouvoir sont généralement appliquées, même si elles ne suscitent guère d'enthousiasme. Ainsi de nombreux instituteurs participent à la fête de Jeanne d'Arc. Chaque fin d'année, plus de deux millions de dessins d'enfants sont envoyés à Pétain, pour sa « surprise de Noël ». Une partie des militants laïques manifeste son opposition à l'Occupation et au pétainisme, sous la forme d'actions isolées d'indiscipline, ou de participation aux différents mouvements de résistance qui prennent forme à partir de l'automne 1940. Du côté des dirigeants syndicaux, nombre des anciens majoritaires apportent leur caution au nouveau régime, tels André Delmas qui rencontre Pétain en 1940, et surtout Ludovic Zoretti qui anime, à partir de 1942, la Confédération générale de l'enseignement, constituée avec l'appui de Laval. René Bonissel et Georges Lapierre se tournent au contraire vers l'action clandestine.

André Delmas et Georges Lapierre, les deux visages du SN

Delmas et Lapierre figurent parmi les jeunes militants qui entrent à la direction du Syndicat national des instituteurs en 1926. Porteurs de l'esprit plus revendicatif, plus politique, de la génération d'après-guerre, ils sont de ceux qui réclament l'entrée dans l'action de tous les membres du syndicat, et non de ses seuls représentants nationaux. Ils s'en prennent aux initiatives personnelles d'Émile Glay et de Louis Roussel, principaux dirigeants du SN, déjà à la tête de la Fédération des amicales avant-guerre. Ils ont également été marqués par la barbarie de la guerre et s'engagent résolument dans le militantisme pacifiste.

Entre les anciens et les nouveaux dirigeants, le conflit ne cesse de se renouveler, jusqu'en 1932, lorsque Glay et Roussel prennent leur retraite et annoncent leur départ. Delmas est alors nommé au poste de secrétaire général. Lapierre devient l'un des trois secrétaires généraux adjoints du syndicat, et reste directeur de la publication de *L'École libératrice*, dont il a la responsabilité depuis sa création, en 1929.

Fils de petits exploitants agricoles de l'Aube, Georges Lapierre est un pur produit du système primaire. Ses bons résultats lui ont permis d'accéder à l'école primaire supérieure de Bar-sur-Aube, puis à l'école normale parisienne d'Auteuil, où il est entré en

1902. Successivement instituteur, maître de cours complémentaire, puis directeur d'école, il n'a jamais accepté de bénéficier d'un détachement syndical, à une époque, il est vrai, où ceux-ci étaient encore peu fréquents. Après la Première Guerre mondiale, il participe activement à la campagne contre le bellicisme des manuels scolaires et pour la rénovation des programmes d'histoire. Son intérêt pour les questions pédagogiques le conduit également à prendre la tête de *L'École libératrice*, à laquelle il consacre la plus grande part de son énergie. S'il n'adhère à aucun parti politique, il rejoint en revanche la franc-maçonnerie en 1928, au sein du Grand Orient de France. Jusqu'au milieu des années trente, il reste un militant discret, multipliant les initiatives, mais se consacrant aux dossiers plutôt qu'à la joute politique.

La trajectoire et les dispositions d'André Delmas apparaissent sensiblement différentes. Fils d'un ouvrier typographe et d'une employée de commerce, il fréquente l'école primaire de son quartier, à proximité de Montauban. Élève particulièrement brillant, il se présente au concours des bourses de l'enseignement secondaire, est admis, mais doit finalement renoncer au lycée, l'aide financière se révélant insuffisante. Il poursuit alors sa scolarité primaire en cours complémentaire. En dépit de graves problèmes de santé, il se présente et est reçu premier au concours d'entrée à l'école normale en 1915. Il se tourne à nouveau vers le monde universitaire en 1918, tentant en vain le professorat de lettres. Son service militaire accompli, il devient instituteur et se lance très rapidement dans le syndicalisme. Orateur éloquent, militant subtil, Delmas met son talent au service d'un engagement politique du SN et noue de nombreux contacts avec les socialistes et les radicaux.

Jusqu'alors complémentaires, les attitudes des deux hommes diffèrent de plus en plus avec la montée du fascisme. Lapierre s'intéresse de plus près à la vie politique. Il participe notamment à la création du Comité de vigilance des intellectuels antifascistes. En 1938, son hostilité aux accords de Munich l'éloigne de Delmas et de la franc-maçonnerie. Le secrétaire général du SN est au contraire plus que jamais engagé dans l'action pacifiste et dans la lutte anticommuniste.

En septembre 1939, Delmas est mobilisé ; c'est Lapierre qui assure l'intérim. En 1940, Delmas reprend son mandat pour quelques mois et entre en relation avec le régime de Vichy. Puis le SN est dissous ; Delmas reprend un poste. A la Libération, il est détenu quelque temps pour « collaboration », puis relâché, faute de preuves. Il est écarté de la nouvelle direction du syndicat. Il poursuit ensuite une carrière politique au sein de petites organisations de gauche pro-européennes. Plus âgé, Lapierre est mis à la retraite d'office dès février 1941. Retiré dans l'Aube, il entre en relation avec d'anciens militants du SNI, et avec les résistants de l'Organisation civile et militaire. Le 2 mars 1943, il est arrêté par la Gestapo. Atteint par le typhus, il meurt en déportation au camp de Sachsenhausen. Si son itinéraire n'est pas un cas isolé, il représente pour le courant majoritaire, le symbole de l'honneur préservé.

Outre les ouvrages déjà cités, cf. LEFRANC [1982], et l'autobiographie d'André DELMAS, *Mémoires d'un instituteur syndicaliste*, Albatros, Paris, 1979.

Du côté des minoritaires, de nombreux militants de l'École émancipée rejoignent les réseaux clandestins, en particulier en région parisienne ou en Vendée. Les membres du SGEN sont également actifs, notamment à Lyon, à Chambéry ou à Montauban, où l'activité diocésaine s'oriente vers la protection des Juifs et des fugitifs. Les communistes, souvent désemparés au cours des premiers mois, entrent beaucoup plus massivement dans la Résistance après l'invasion de l'URSS en juin 1941, en particulier au sein du Front national, qui devient le plus important mouvement de résistance.

Progressivement, les structures syndicales sont secrètement réactivées. La CGT, qui se réunifie au printemps 1943, et la CFTC participent à l'élaboration du programme du Conseil national de la résistance. Les principaux syndicats enseignants constitués dans les années trente figurent donc parmi les forces qui retrouvent leur pleine légitimité à la Libération. Mais l'épreuve de la guerre n'est pas sans laisser de traces, en particulier à la direction du SN — que l'on prend à cette époque l'habitude d'appeler le SNI.

La FEN choisit l'autonomie

Les conflits reprennent rapidement à l'intérieur de la CGT, notamment autour de la négociation du reclassement des fonctionnaires, qui oppose la FEN — héritière de la FGE — à la fédération des finances. Même si Jouhaux conserve formellement la direction de la centrale, les communistes sont désormais majoritaires, forts du prestige acquis par leur action dans la Résistance et par la contribution décisive de l'URSS à la victoire alliée. Les réformistes se regroupent autour de l'hebdomadaire *Force ouvrière*, qui a pris la suite du journal clandestin *Résistance ouvrière*. Les grèves quasi insurrectionnelles de 1947 et le début de la « guerre froide » ne font qu'accroître les divisions. Poussé par les militants proches de Force ouvrière, Jouhaux se résout finalement à la scission, en décembre de la même année. Une nouvelle confédération voit le jour, la CGT-Force ouvrière [Bergounioux, 1982].

L'enseignement n'a pas échappé à la tourmente. A Paris, un mouvement aux formes des plus inhabituelles a occupé le devant de la scène. Une grève illimitée reprenant les revendications salariales et statutaires des syndicats a associé les militants du SNI et du SGEN et des non-syndiqués au sein d'un comité de grève ; elle a duré et est restée majoritaire pendant trois semaines. Par ailleurs, les communistes ont renforcé leurs positions à l'intérieur de l'ex-FGE, devenue en 1946 la Fédération de l'Éducation nationale (FEN) lorsqu'elle s'est ouverte aux non-enseignants. Les tensions entre communistes et anticommunistes sont particulièrement vives dans l'enseignement secondaire.

Mais pour les dirigeants de la FEN et surtout pour ceux du SNI, la priorité est au maintien de l'unité corporative. Il s'agit pour eux d'assurer la défense de la laïcité, menacée par le rapprochement entre les socialistes et les démocrates-chrétiens du MRP, et d'obtenir la revalorisation des professions enseignantes, indépendamment des autres catégories de fonctionnaires. Une scission compromettrait également l'établissement, sur de bonnes bases, de la Mutuelle générale de l'Éducation nationale (MGEN), à laquelle est confiée la Sécurité sociale des personnels de l'enseignement, et l'extension du réseau des associations laïques et des mutuelles, avec la création, entre autres, de la CAMIF (centrale d'achats), des Francs et franches camarades (éducation populaire), et de la FCPE (parents d'élèves), fondée par le SNI et la Ligue de l'enseignement, pour renforcer le camp laïque. Avec la croissance des adhésions — la FEN compte plus de 150 000 membres en 1947 —, le développement des organismes paritaires et la reconnaissance légale du syndicalisme des fonctionnaires par la IVe République, la fédération enseignante s'est elle-même considérablement consolidée. Pour les militants majoritaires, l'heure est à la réorientation de la vie syndicale dans une direction plus corporative, telle que la concevait Lapierre, loin de l'activisme et des errements politiques où les avait conduits Delmas.

Les dirigeants de la FEN refusent donc de rejoindre Force ouvrière et reprennent à leur compte la doctrine de l'École émancipée, favorable à une autonomie provisoire de la fédération, conçue comme le point de départ d'une future réunification de la CGT, sur la base d'une reconnaissance du pluralisme interne. Les adhérents du SNI, consultés par référendum, et les militants de la FEN, réunis en congrès au printemps 1948, confirment massivement ce choix. Les principaux syndicats de la fédération adoptent la même position que le SNI, y compris le Syndicat national de l'enseignement supérieur (SNESup), majoritairement favorable au maintien de l'affiliation à la CGT. Seules de petites organisations refusent l'autonomie, tels le syndicat des centres de formation professionnelle des adultes, qui rejoint Force ouvrière, celui de l'enseignement technique et celui des agents, qui demeurent à la CGT.

Replacé dans l'histoire de l'organisation, le passage de la FEN dans l'autonomie ne peut être réduit à un choix purement « idéologique » et circonstanciel. Selon Didier Sapojnik [1975], il est une façon de réaliser une synthèse entre le syndicalisme et la tradition amicaliste dont est issu le SNI, l'affiliation confédérale n'ayant été qu'une parenthèse. Il représente, pour le moins, la meilleure façon de préserver le modèle syndical construit tout au long de l'entre-deux-guerres, voire d'en assurer la pérennité, l'autonomie de la fédération renforçant l'isolement corporatif. En atteste la durabilité du système organisationnel et politique mis en place.

III / Apogée et diversification du militantisme enseignant

Les années cinquante et soixante constituent la période où le syndicalisme enseignant se développe le plus largement. Tantôt sous l'impulsion des directions syndicales, tantôt à l'initiative des minorités, les enseignants sont amenés à de multiples reprises à s'engager massivement dans l'action collective, et ce bien au-delà des limites de l'action corporative. Aux luttes qui rassemblent, telles celles menées contre le financement public de l'enseignement privé, on peut opposer celles qui divisent, à l'occasion des négociations sur les statuts ou les réformes scolaires. Plus complexes sont les positions à l'égard de la guerre d'Algérie. Selon des logiques diverses, les militants enseignants vont pourtant jouer un rôle de première importance dans la mobilisation en faveur d'une paix négociée.

Le SNI et le courant majoritaire de la FEN, solidement installés dans l'« autonomie provisoire », voient leur importance s'accroître dans le jeu syndical et le jeu politique, notamment à l'occasion des luttes pour la défense de l'école laïque, périodiquement réactivées jusqu'au milieu des années soixante. En position très largement dominante dans l'ensemble de l'Éducation nationale, la fédération ne cesse d'enregistrer de nouvelles adhésions, une fois ses relations avec la CGT et Force ouvrière stabilisées. Ainsi la FEN déclare rassembler plus de 200 000 membres en 1955, atteint les 300 000 en 1963, et les 400 000 en 1969.

Au-delà de cette réussite, et peut-être en partie à cause d'elle, le militantisme enseignant change peu à peu de visage. L'hégémonie du SNI à l'intérieur de la FEN est progressivement remise en cause par la croissance des syndicats de l'enseignement secondaire. Sur fond d'affrontement des traditions primaires et secondaires, le principal courant oppositionnel parvient à emporter la majorité du SNES et du SNEP à la fin des années soixante. La petite organisation concurrente, le SGEN-CFTC, connaît elle aussi un développement continu. De quelques milliers d'adhérents juste après la guerre, elle passe à plus de 10 000 en 1952, 20 000 en 1962 et 30 000 dès 1965. La place qu'elle prend parmi les organisations de gauche au moment de la guerre d'Algérie et le rôle qu'elle joue dans la déconfessionnalisation de sa centrale pendant toute la période contribuent au renforcement de sa légitimité.

1. Stabilisation organisationnelle, luttes laïques et renforcement du syndicalisme autonome

Le SNI et, par extension, la FEN définissent dès 1948 des principes d'organisation de leur pluralisme interne. Une motion rédigée en commun par René Bonnissel, du courant majoritaire, et Marcel Valière, de l'École émancipée, est adoptée lors du congrès extraordinaire que tient le SNI au mois de mars, puis reprise dans les différents congrès que tiennent le syndicat et sa fédération dans les années qui suivent.

Pensée comme susceptible de s'appliquer à l'ensemble du mouvement syndical, elle stipule notamment que les élections des organismes administratifs des syndicats auront lieu au scrutin proportionnel et à bulletin secret, et que toutes les listes bénéficieront de moyens de publicité égaux. Les responsables doivent être à tout instant révocables et leurs mandats limités à cinq ans — mais cette disposition est abrogée dès 1954 par le courant majoritaire. L'indépendance à l'égard des partis sera assurée par l'interdiction du cumul des fonctions syndicales et politiques au niveau national, et par celle du « noyautage » par des groupes extérieurs.

En fait, la structuration par tendances institutionnalisées ne se réalise que très progressivement, lorsque les différents courants se rallient au principe de l'autonomie. Car, jusqu'au milieu des années cinquante, la situation de la FEN au sein du mouvement syndical reste confuse. La plupart des militants enseignants pensent encore l'autonomie comme tout à fait provisoire. Les congrès de 1948 et 1949 ont par ailleurs concédé aux partisans du maintien à la CGT la possibilité de la double affiliation, dans le cadre des statuts de chaque syndicat et sous réserve que ce soit à titre individuel. De fait, une FEN-CGT et une FEN-FO existent, composées des petits syndicats qui ont fait sécession et des militants de la FEN qui s'y engagent individuellement. De son côté, la FEN remplace les organisations scissionnistes, avec la reconstitution d'un Syndicat national de l'enseignement technique et de l'apprentissage autonome (SNETAA) et d'un Syndicat national des agents de l'Éducation nationale (SNAEN), qui jouent rapidement un rôle de premier ordre au sein de la fédération.

La mise en place des « tendances »

En 1954, la situation évolue soudainement. Constatant le très faible succès de ses syndicats enseignants, Force ouvrière décide d'interdire la double appartenance. La plupart des partisans de la centrale choisissent alors la FEN, à l'exception des enseignants de centres de formation professionnelle pour adultes. La situation est très différente à la FEN-CGT, déjà très structurée, avec un bulletin national, des sections départementales, etc. Mais son existence va à l'encontre de la tactique de rassemblement unitaire mise en œuvre par la CGT et surtout par le Parti communiste. Soucieux d'obtenir un large soutien à sa campagne d'opinion contre le projet de communauté européenne de défense, en particulier parmi les instituteurs, il appelle les enseignants communistes à « consacrer l'essentiel de leur activité » aux syndicats autonomes. Les non-communistes de la FEN-CGT et une large partie des communistes, y compris les plus anciens dirigeants, y sont résolument hostiles. Mais après quelques mois de conflits internes, la direction du PCF impose à tous les membres du parti d'abandonner la double affiliation et de rejoindre définitivement les rangs de la FEN autonome.

Pour les majoritaires, le succès est total. La croissance des adhésions et le sabordage des FEN confédérées confortent le choix de 1948. Dans la mesure où elle constitue l'une des forces importantes du syndicalisme français, le discours que tient la fédération autonome à l'égard de la réunification syndicale lui donne une place originale, non dénuée d'avantages tactiques. La FEN poursuit son extension, et même se développe au-delà de son secteur traditionnel de syndicalisation, avec la création du Syndicat national des chercheurs scientifiques (SNCS) en 1956.

Le courant majoritaire, qualifié d'« autonome », s'élargit aux partisans de Force ouvrière, et dispose, à la fin des années cinquante, des trois quarts des mandats aux élections internes. Fédérant la gauche républicaine, socialiste, radicale et franc-maçonne, il repose avant tout sur les responsables des principaux syndicats, en particulier du SNI.

Le courant « cégétiste », dirigé par les communistes, reste pour sa part hostile au principe des tendances, même s'il s'organise peu à peu en opposition transversale au sein de la fédération. Il intervient dans les congrès au nom de telle ou telle section départementale où il dispose de la majorité. Après le changement de stratégie de 1954, il parvient à retrouver une influence plus importante, regroupant plus d'un mandat sur cinq à la fin des années cinquante.

L'École émancipée, avec son journal et ses traditions d'organisation minoritaire, est à cette époque le seul courant qui se présente comme une véritable tendance. On y retrouve les libertaires, les trotskistes et les anarcho-syndicalistes. En désaccord avec l'orientation réformiste de la majorité, elle quitte la direction fédérale en 1949. Son audience, qui approchait les 10 %, diminue presque de moitié dans les années qui suivent.

Champ syndical et stratégies des organisations

Conformément à la doctrine adoptée par les majoritaires, le secrétaire général du SNI, Denis Forestier, prend, en juin 1957, une initiative favorable à la réunification syndicale, en commun avec Roger Lapeyre, secrétaire général de la fédération des transports FO, et Aimé Pastre, secrétaire général du syndicat de l'administration pénitentiaire CGT. Un texte, intitulé « Déclaration pour un mouvement syndical uni et démocratique », interpelle directement les deux centrales en montrant la nécessité d'un mouvement syndical efficace et donc rassemblé, et les conditions pour y parvenir : libre confrontation des thèses avant adoption de positions communes, reconnaissance des tendances et interdiction du noyautage, vote à bulletin secret, interdiction du cumul des mandats syndicaux et politiques, révocabilité des responsables. L'appel « PUMSUD » a en fait peu de chances d'aboutir dans le contexte des années cinquante, très différent de celui du Front populaire. Mais, avec le trouble suscité par les événements de Hongrie parmi les militants de la CGT, il a surtout pour fonction de renforcer les minoritaires de la confédération. Repris peu après par treize organisations différentes, le texte suscite une violente réaction de la CGT et de Force ouvrière. L'initiative devient par la suite le support d'un travail de réflexion sur le syndicalisme français, par le biais d'une association créée à cet effet en janvier 1959. Cette activité prend fin avec le départ de Forestier du secrétariat du SNI en 1962.

Dans ce champ syndical stabilisé, le SGEN-CFTC sort peu à peu de son état groupusculaire. Sa confédération, qui a recueilli 26,5 % des voix aux élections aux caisses de Sécurité sociale en 1947, est reconnue par les pouvoirs publics comme l'une des quatre organisations représentatives au niveau national, avec la CGT, Force ouvrière et la Confédération générale des cadres (CGC). Son audience tend à s'élargir au-delà des fractions résolument chrétiennes du salariat. Le SGEN bénéficie en outre des relations que son secrétaire général Paul Vignaux a nouées avec des intellectuels et des hommes politiques à l'École normale supérieure et pendant la guerre. Mais si le syndicat général renforce son identité et son organisation interne, son électorat ne progresse que très lentement, en particulier dans l'enseignement primaire, où, jusqu'aux années soixante-dix, son score stagne autour de 9 % des suffrages exprimés, lors des élections à la commission administrative paritaire nationale.

La résurgence du cléricalisme

Le sentiment que la laïcité est gravement menacée dès la Libération et dans les décennies qui suivent joue sans doute un rôle non négligeable dans le succès du syndicalisme autonome et unitaire. La question de l'enseignement privé semble pourtant en voie de résolution fin 1944, tant les combats communs de la Résistance semblent avoir rapproché les points de vue des militants laïques et catholiques. Une commission, créée en novembre sous la présidence du député socialiste André Philip, est officiellement chargée de « réaliser, selon l'esprit d'union de la Résistance, une synthèse des diverses tendances sur le problème des écoles publiques et privées ». Mais la direction de l'enseignement catholique exige que soit reconnu un secteur privé, certes contrôlé, mais dont le caractère confessionnel serait pleinement reconnu. La commission Philip ne peut aboutir et, en mars 1945, les députés votent un retour pur et simple à la législation d'avant-guerre et à ses ambiguïtés.

Pour les militants laïques, le risque d'un financement public des établissements privés apparaît d'autant plus grand que les Associations de parents d'élèves des écoles libres (APEL, fondées en 1930) mènent une campagne particulièrement active, refusant notamment de payer la taxe sur les spectacles lors des kermesses des écoles privées. L'enseignement catholique dispose désormais d'un puissant relais politique, avec le Mouvement républicain populaire (MRP), parti démocrate-chrétien associé à la plupart des gouvernements de l'après-guerre, et auquel se lient les socialistes dans le cadre de la « troisième force ».

En 1948, les décrets Poinso-Chapuis marquent une première avancée du camp clérical, en créant un système de subventions indirectes de l'enseignement privé, par le biais de l'Union nationale des associations familiales (UNAF). En dépit des pressions exercées par la FEN, les décrets sont maintenus, moyennant quelques modifications mineures.

Le camp laïque et ses frontières

Le SNI s'efforce alors de susciter autour de lui un vaste rassemblement des forces favorables à l'enseignement public. Il réunit en juillet de la même année des « états généraux de la France laïque », où l'on retrouve à ses côtés la FEN, la Ligue de l'enseignement, la CGT, les différents partis de gauche, les Éclaireurs laïques, les Francs et franches camarades, la Ligue des droits de l'homme et la FCPE. L'assemblée est de nouveau réunie l'année suivante, mais constatant les nombreux conflits qui opposent les partis de gauche, le SNI décide de créer un comité permanent qui se réduit aux groupements de la sphère laïque : FEN, SNI, FCPE, Ligue de l'enseignement, auxquels se joint ensuite la Fédération des délégués cantonaux de l'Éducation nationale. Ce groupe restreint, qui entend assurer la direction du camp laïque, formalise son existence en août 1951 et prend le titre de Comité national d'action laïque (CNAL).

Le mois suivant, les lois Marie et Barangé élargissent le financement indirect à l'enseignement privé, la première par le jeu de l'extension des bourses, la seconde par la création d'une allocation nouvelle pour les élèves du premier degré, public ou privé. Le CNAL lance une pétition nationale et organise une série de rassemblements départementaux dès la fin du mois de septembre. Le plus symbolique d'entre eux se tient à Saint-Dié, sur la tombe de Jules Ferry. Le SNI — rejoint par la FEN — prolonge l'action par une grève générale d'une journée, qui connaît un très large succès dans l'enseignement primaire. Mais les lois Marie et Barangé demeurent inchangées.

Le SGEN continue dans le même temps à défendre la présence des chrétiens dans l'enseignement public, mais s'oppose lui aussi aux mesures de financement de l'enseignement privé et fait pression sur sa confédération pour la maintenir à l'écart du camp clérical. Toutefois, ses adhérents se reconnaissent souvent difficilement dans les positions tranchées de Vignaux, jusqu'en 1956, où le congrès de Poitiers fixe la doctrine de toute l'organisation. Sa position, qui prévoit l'intégration de l'enseignement financé par l'État au service public avec application des règles qui le régissent, reste condamnée par le SNI mais reçoit le soutien discret d'une partie des socialistes.

Le summum du syndicalisme républicain

En 1959, la « question scolaire » est à nouveau relancée. Tirant partie de l'arrivée au pouvoir des gaullistes, les APEL exigent de leurs relais à l'Assemblée nationale un statut pour l'enseignement privé. Le Premier ministre Michel Debré semble prêt à les satisfaire. En juin et à l'automne, le CNAL organise à nouveau une série de manifestations de grande ampleur, puis une « journée nationale de l'école républicaine », le 22 décembre, où tous les enseignants sont invités à dispenser une leçon sur la laïcité, sur des auteurs ou des chants laïques. Inflexible, le gouvernement met ses projets à exécution. La loi Debré, adoptée le 31 décembre 1959, définit deux modalités de contrat entre les établissements privés et l'État : contrat simple sans réel contrôle mais qui ne permet qu'un financement limité, et contrat d'association qui met les établissements dans une situation très proche de celle du public, mais sans leur ôter leur caractère propre. Le texte dispose en outre que la « liberté des cultes et de l'instruction religieuse » devra être assurée dans l'enseignement public.

Le CNAL est résolu à faire très largement appel à l'opinion publique. Après avoir demandé en vain que le pays soit consulté, il organise lui-même une vaste campagne de pétition, à laquelle il entend donner la valeur d'un référendum. Des cahiers spéciaux sont mis au point, prévoyant l'enregistrement des noms, professions, âges et adresses des signataires. Dans chaque commune, les militants laïques font du porte-à-porte, particulièrement à la campagne, où les instituteurs sont très actifs. Dénoncée par l'Église comme scandaleusement manipulatoire, l'opération déclenche une polémique dans la presse. Au total, la pétition recueille plus de dix millions de signatures. Le « référendum » laïque se conclut par un grand rassemblement national, le 19 juin 1960 à Vincennes, quatre-vingt-huit ans jour pour jour après que Jean Macé avait remis à l'Assemblée nationale sa pétition en faveur de l'école publique. Tous les symboles de l'État républicain et de l'école laïque sont mobilisés. Le matin a lieu « l'assemblée des pétitionnaires », où les cahiers de signatures sont publiquement rassemblés. A la fin de la cérémonie, les délégués sont appelés à prêter collectivement serment :

« Nous faisons le serment solennel de manifester en toutes circonstances et en tous lieux notre irréductible opposition à cette loi contraire à l'évolution historique de la nation. De lutter sans trêve et sans défaillance jusqu'à son abrogation et d'obtenir que l'effort scolaire de la République soit uniquement réservé à l'école de la nation, espoir de notre jeunesse. »

L'après-midi, plus de 300 000 manifestants se réunissent dans le parc de Vincennes. Mais l'ampleur de la démonstration ne change rien aux décisions de la majorité parlementaire.

Sur la lancée de Vincennes, la mobilisation se poursuit

jusqu'en 1962, sans plus de résultats. Mais quels que soient les effets de la défaite, la pétition laïque et le rassemblement de Vincennes marquent pour longtemps les esprits. Ils constituent le temps fort d'une période où le combat laïque est demeuré au cœur du syndicalisme enseignant, lui donnant les moyens de prétendre à une position éminente au sein du mouvement social.

2. La guerre d'Algérie et la recomposition de la gauche

Alors même que la mobilisation laïque bat son plein, l'Algérie s'enfonce dans la crise. L'insurrection du 1er novembre 1954, la répression brutale qui l'a suivie et la résistance des Français d'Algérie au processus de décolonisation ont engagé le pays sur la voie de la guerre d'indépendance. Si la FEN et le SGEN avaient pris position contre la guerre d'Indochine sans trop de difficultés, il n'en va pas de même cette fois. Car non seulement l'imbrication politique et économique des deux pays est particulièrement avancée, mais les organisations enseignantes comptent de nombreux membres en Afrique du Nord.

Les militants enseignants face au nationalisme algérien

Les dirigeants du SNI et de la FEN réagissent à l'insurrection de 1954 en condamnant le terrorisme et la répression qui s'annonce, et en prônant l'assimilation des trois départements algériens aux institutions républicaines françaises. Dans les mois et les années qui suivent, ils multiplient les appels à l'opinion, interpellent les différentes parties, réclamant à chacun un « effort de compréhension et de construction ». Ils continuent également à dénoncer l'origine coloniale de la situation et à condamner le « cycle infernal attentats-répression », mais demeurent favorables au « maintien de l'Algérie dans le cadre de la démocratie française ». Ils préconisent dans cet esprit la réunion d'une « conférence de la table ronde », où seraient représentées l'ensemble des forces représentatives des habitants d'Algérie. Leurs positions modérées ne satisfont pas pour autant les adhérents d'outre-mer. Le SNI doit en particulier faire face à une scission dès 1956. Il perd la moitié de ses effectifs algériens en quelques années.

En janvier 1956, l'accès au pouvoir de la gauche non communiste suscite quelques espoirs au sein des courants favorables à une décolonisation dans le cadre de l'Union française. Mais dès le mois de février, à l'occasion d'un voyage à Alger quelque peu mouvementé, le Premier ministre Guy Mollet renonce aux réformes et à la recherche de la paix. Les relations entre la FEN et le Parti socialiste commencent alors à se détériorer, et, lorsque se créent le Parti socialiste autonome (PSA) et l'Union de la gauche socialiste (UGS) puis le Parti socialiste unifié (PSU), les dirigeants de l'organisation enseignante se divisent entre partisans de ce nouveau courant, favorable à la négociation, et fidèles d'une SFIO empêtrée dans la guerre.

Au départ, peu de voix s'élèvent pour réclamer une position véritablement différente de celle de la majorité du SNI. Les communistes font connaître leur soutien au mouvement de décolonisation, mais restent prudents dans la formulation de leurs exigences et se montrent hostiles à tout acte d'insoumission. Ils forment ensuite le groupe le plus important dans la lutte pour l'arrêt de la guerre. Mais en mars 1956, leurs députés sont de ceux qui accordent les pouvoirs spéciaux au gouvernement Mollet. C'est au cours de la même année, que les ex-« cégétistes » de la FEN se déclarent nettement en faveur d'un abandon de souveraineté. L'École émancipée et le SNCS se distinguent par leur soutien résolu au mouvement de libération nationale. Certains de leurs militants contribuent au développement de réseaux d'aide directe au Front de libération nationale (FLN).

De son côté, le SGEN exprime, au début du conflit, des positions peu éloignées du courant majoritaire de la FEN. Avec l'échec de la politique de réforme, il s'engage ensuite, avec toute une partie de la gauche chrétienne, dans la lutte pour l'arrêt des combats et l'application du principe d'autodétermination. Il se rapproche alors des positions du Parti communiste, et pour certains de ses membres, de celles de l'extrême gauche.

L'engagement contre la guerre

L'émergence d'un mouvement favorable à la paix est d'autant plus difficile que la presse cultive très majoritairement une image d'« unanimité nationale » et de soutien massif à l'armée, à l'exception de la presse communiste, et de quelques périodiques, tels *France Observateur* ou *Témoignage chrétien*. Le milieu universitaire, les étudiants et les intellectuels jouent un rôle important dans l'évolution de l'opinion publique, et en premier lieu du monde enseignant. Dans le sillage du Parti communiste se met en place un « Comité national d'information et d'action pour la solution pacifique des problèmes d'Afrique du Nord ». Plus éclectique, un « Comité des intellectuels contre la poursuite de la guerre en Afrique du Nord » développe lui aussi une intense activité.

En avril 1956, Henri-Irénée Marrou, un universitaire membre du SGEN, publie dans *Le Monde* un article qui marque l'engagement des intellectuels catholiques contre la guerre. Il y déclare sa « double solidarité » à l'égard « des Français d'Algérie et des Français musulmans », et dénonce la torture et les camps de concentration. Claude Bourdet, connu pour son passé de résistant, prend également publiquement parti pour l'arrêt des hostilités. En mai, les élèves des écoles normales supérieures réunis en assemblée générale, réclament l'ouverture de négociations immédiates. Les sections FEN et SGEN des ENS s'associent à la déclaration. En novembre, André Mandouze et Georges Lavau, qui appartiennent comme Marrou à la mouvance catholique, sont poursuivis pour leurs actions de « démoralisation » des troupes. A droite, le sociologue Raymond Aron rend également publique son analyse : l'indépendance est pour lui inéluctable.

En dépit de la répression orchestrée par le gouvernement, le mouvement en faveur de la paix immédiate s'étend parmi les étudiants et dans l'enseignement secondaire et supérieur. La direction de l'Union nationale des étudiants de France (UNEF), plutôt modérée, cède la place à son ancienne minorité de gauche, structurée par les étudiants de la Jeunesse étudiante chrétienne (JEC). En 1957, le SNES — toujours à majorité « autonome » — prend ses distances avec la direction du SNI, qui en reste à sa proposition d'une « conférence de la table ronde ».

Dès lors, de nombreuses relations se nouent entre l'UNEF, le SGEN et une partie de la FEN.

L'unité syndicale pour la défense de la République

Les événements de mai 1958 vont provoquer la constitution d'un front syndical relativement unitaire. Alors que l'Assemblée nationale est sur le point de porter au poste de Premier ministre le MRP Pfimlin, favorable aux négociations, une manifestation insurrectionnelle s'empare, le 13 mai 1958, du siège du gouvernement général à Alger, les militaires prennent le pouvoir et réclament le retour du général de Gaulle. Les organisations syndicales et des droits de l'homme, craignant un coup de force analogue en métropole, appellent leurs adhérents à la vigilance et s'efforcent de mobiliser l'ensemble de la population pour la défense des institutions républicaines. La CFTC et FO lancent un appel à une manifestation nationale pour le 28 mai, auquel se rallie le « front universitaire » — FEN, UNEF et SGEN — et la CGT, puis l'ensemble des partis et des syndicats de gauche.

Le défilé, qui rassemble de 150 000 à 200 000 personnes, est immédiatement suivi d'un appel à une journée de grève le 30, lancé par le SNI, soutenu peu après par la FEN, le SGEN, l'UNEF et la FCPE. Non reprise par les confédérations, cette nouvelle action contre la dérive autoritaire de l'État connaît un large succès, notamment dans l'enseignement primaire, où 80 % des instituteurs cessent le travail. Deux jours après, l'Assemblée nationale élit de Gaulle à la tête du gouvernement, avec les pleins pouvoirs pour six mois, des pouvoirs spéciaux pour l'Algérie et, en perspective, la réforme des institutions. La nouvelle constitution, qui instaure un régime présidentiel, rencontre l'opposition de la plupart des partis de gauche, de la CGT, de la FEN et du SGEN. Soumise au référendum le 28 septembre, elle est adoptée dès le mois d'octobre. Après les élections législatives de novembre, de Gaulle est élu président de la Ve République.

Après avoir conforté les partisans de l'Algérie française, puis développé un discours ambivalent, de Gaulle évoque le 16 septembre 1959 le principe d'autodétermination. La tension monte parmi les Français d'Algérie ; elle aboutit à la « semaine des barricades » fin janvier 1960. Un front syndical se réalise à nouveau, pour soutenir le droit à l'autodétermination et repousser la menace fasciste. Il réunit l'UNEF, la FEN, la CGT et la CFTC. Prenant acte de la nouvelle situation politique en Algérie et en France, le SNI et l'ensemble de la FEN se prononcent pour l'indépendance au cours de l'année.

Le débat public redouble de violence lorsqu'en septembre de la même année s'ouvre le procès du « réseau Jeanson ». Trotskistes du courant « pabliste », prêtres ouvriers ou membres du « comité Mandouze » sont jugés pour avoir soutenu financièrement, hébergé et protégé des combattants du FLN. Loin de nuire au camp indépendantiste, les révélations faites au tribunal tendent à le renforcer, tant elles dévoilent la réalité de la guerre. Leur retentissement est d'autant plus important que le jour même de l'ouverture du procès, cent vingt et une personnalités du monde scientifique, littéraire et artistique publient un manifeste où elles déclarent leur soutien aux appelés insoumis et aux Français qui apportent leur protection aux « Algériens opprimés au nom du peuple français ».

Dans ce contexte de bipolarisation politique, les organisations enseignantes continuent d'intervenir pour la défense du régime républicain et de la nouvelle politique algérienne du pouvoir, recourant parfois à la grève générale, et participant à de nombreuses manifestations. Elles se mobilisent en particulier contre les attentats de l'Organisation armée secrète (OAS), et contre le « putsch des généraux », le 22 avril 1961.

Pour toute une génération de militants, la lutte contre la guerre d'Algérie joue un rôle de révélateur. La violence du conflit et l'attitude du pouvoir ont radicalisé les positions. Elles ont montré la nécessité de l'action collective, tout en valorisant le comportement « avant-gardiste » des intellectuels. A l'intérieur de la FEN, l'unité du courant majoritaire se trouve ébranlée. L'expérience de ces années d'intense mobilisation politique contribue probablement à une certaine évolution des mentalités dans une partie du milieu enseignant, notamment dans l'enseignement secondaire et supérieur. Les relations intersyndicales ont également été bouleversées. Alors que FO a continué de refuser toute initiative commune avec la CGT, la CFTC s'est trouvée dans une position souvent plus centrale. Les relations entre les deux centrales réformistes sont dans le même temps devenues beaucoup plus étroites. Le SGEN, enfin, est entré de plain-pied dans l'espace de la gauche politique et syndicale.

Paul Vignaux :
l'intellectuel, le chrétien, le laïc

Secrétaire du SGEN de 1948 à 1970, Paul Vignaux a profondément marqué la vie de son organisation. Fils d'un fonctionnaire des contributions indirectes, il a reçu une éducation libérale marquée par un double attachement au catholicisme et à la République. Élève brillant du lycée Montaigne de Bordeaux, il se présente avec succès au concours de l'École normale supérieure de la rue d'Ulm en 1923. Sa scolarité normalienne, et particulièrement les enseignements du philosophe rationaliste Célestin Bouglé contribuent à étayer sa réflexion intellectuelle, à la recherche d'une articulation entre christianisme et socialisme, individualisme issu des Lumières et personnalisme chrétien. Agrégé de philosophie en 1927, il enseigne quelques années dans le secondaire, puis entre en 1934 à la section des sciences religieuses de l'École pratique des hautes études. Il en devient par la suite secrétaire puis président. Bien qu'il conserve ses convictions chrétiennes, il opte résolument pour la laïcité, pensée comme condition indispensable de la liberté à l'égard de l'Église mais aussi de l'État.

Tenu en marge de l'Église et du mouvement ouvrier majoritaire, comme tous les catholiques républicains de sa génération, il participe à la formation syndicale mise en place par la CFTC, puis à la fondation du SGEN, en 1937. Plus que les autres membres du nouveau syndicat, son engagement se lie à la question de la guerre d'Espagne. Contre la politique préconisée par la majorité de la gauche non communiste, il milite pour l'intervention et participe au soutien actif des républicains espagnols. Au début de la Seconde Guerre mondiale, il contribue à la réorganisation du syndicalisme dans la clandestinité dès 1940, puis s'exile aux États-Unis, où il noue des contacts avec les syndicats américains et participe au soutien à la Résistance.

Membre du bureau confédéral de la CFTC de 1948 à 1952, il est ensuite un des leaders de sa minorité, réunie autour de Reconstruction, centre d'études dont il est l'un des fondateurs. Militant de la déconfessionnalisation de la CFTC, il inscrit son action dans la perspective d'un socialisme démocratique, conçu comme une alternative à la déviation totalitaire du communisme.

Il est en ce sens à la fois favorable à l'unité d'action avec la CGT, mais attaché au pluralisme syndical tant que pèse la menace d'une mise sous tutelle du mouvement syndical par le Parti communiste. Il contribue également à l'engagement du SGEN contre la guerre d'Algérie, et à ses prises de position d'« avant-garde » dans le domaine des réformes scolaires.

Autour de mai 1968, les critiques à son encontre se font de plus en plus fortes. Les minoritaires lui reprochent notamment le faible engagement du SGEN contre la guerre du Viêt-nam et ses distances à l'égard des étudiants et des dirigeants de la CFDT en 1968. Il reste lui-même sceptique à l'égard des thèmes portés par le mouvement de Mai, tels que l'autogestion ou la contestation radicale de l'École. Après son départ de la direction du SGEN en 1970, il continue d'intervenir de temps à autre dans le débat syndical, jusqu'à sa mort en 1987. Ainsi, il s'inquiète de la croissance du « neutralisme syndical », soutient la politique du ministre Alain Savary à partir de 1981, et regrette le recul du pouvoir dans l'affaire laïque en 1984.

Cf. SINGER [1987] et *Paul Vignaux, un intellectuel syndicaliste*, ouvrage collectif, Syros-alternatives, Paris, 1988.

Les gauches en redéfinition

Les relations qui se sont développées entre partis et syndicats, la crise de la SFIO et le retour au scrutin majoritaire encouragent de nouvelles stratégies. Ainsi la candidature de Gaston Defferre aux élections présidentielles de 1965 — le mystérieux « Monsieur X » dont la promotion est assurée par *L'Express* — tente de rassembler les courants laïques et chrétiens du centre droit et de la gauche non communiste, même si elle échoue finalement en raison de la vive opposition du SNI et du CNAL.

De son côté, la CFTC mène à terme son processus de « déconfessionnalisation ». L'abandon de la référence à la « morale sociale chrétienne » est en fait l'aboutissement d'un processus engagé dès la Libération, sous la pression de la minorité de gauche. Rassemblée autour du groupe d'études Reconstruction, celle-ci déborde largement le SGEN à partir des années cinquante, incluant de nombreux militants ouvriers. En 1961, le remplacement de Gaston Tessier par l'ancien minoritaire Eugène Descamps accélère la transformation. Enfin, le congrès extraordinaire de novembre 1964 adopte à une très large majorité de nouveaux statuts et un nouveau sigle : Confédération française démocratique du travail (CFDT). Moins de 8 % des adhérents font scission et reprennent à leur compte l'ancienne appellation. Dans le secteur de l'enseignement et de la culture, les partisans de la « CFTC maintenue » créent le Syndicat chrétien de l'Éducation nationale, de la recherche et des affaires culturelles (SCENRAC). Mais les départs du SGEN sont encore moins nombreux que dans le reste de la

CFDT et, comme pendant la guerre d'Algérie, largement compensés par le flux des nouvelles adhésions. En 1965, les effectifs du syndicat représentent le double de ceux de 1959.

L'évolution politique et statutaire de la CFTC et l'attitude d'« ouverture » adoptée par les communistes à l'égard des chrétiens favorisent la constitution d'un axe CFDT-CGT. Dès 1965, la nouvelle confédération engage des discussions avec FO et la CGT pour aboutir à une entente interconfédérale. FO refusant toute alliance avec la CGT, la négociation débouche en janvier 1966 sur le premier accord d'unité d'action CFDT-CGT. Les relations des deux centrales connaissent par la suite des épisodes tumultueux, liés notamment à une conception différente des relations entre partis et syndicats, et aux « coups de force » menés par l'Union soviétique dans les « pays frères ». L'accord d'unité d'action est néanmoins renouvelé en 1970 et en 1974.

3. Unification scolaire et divisions de la FEN

A l'intérieur de la FEN également, les rapports de force sont en pleine évolution. Les ex-« cégétistes » s'organisent en tendance et menacent la direction fédérale. Le renouvellement de générations et le rejet des positions modérées des dirigeants « autonomes », en particulier pendant la guerre d'Algérie, contribuent sans doute à ces transformations. Mais on ne peut vraiment les comprendre sans évoquer les nombreux conflits qui ont accompagné les réformes du système d'enseignement depuis la Libération.

Jusqu'à la fin des années cinquante, l'institution scolaire reste structurée autour de l'opposition entre l'enseignement secondaire traditionnel conduisant à l'Université, et l'enseignement primaire et ses divers prolongements : cours complémentaires, écoles normales d'instituteurs, enseignement technique. L'idée de l'« école unique », défendue dès les années vingt par les Compagnons de l'Université nouvelle, s'est peu à peu diffusée et a été reprise sous différentes formes par les principaux syndicats enseignants. Mais au-delà de quelques aménagements partiels, la mise en place d'un système unifié est sans cesse différée. L'ambitieux projet présenté en 1947 par le physicien

Paul Langevin et le psychologue Henri Wallon, au nom d'une « commission de réforme de l'enseignement » formée dans l'élan de la Libération, est resté totalement inappliqué. Prévoyant l'unification des différentes filières et celle des corps enseignants de l'école primaire à la terminale, il avait reçu l'approbation globale de la FEN et du SGEN. Mais il n'avait établi ni son coût, ni les étapes de sa mise en œuvre, et s'est heurté à la division des partis de gauche, avec l'entrée dans la « guerre froide ».

De 1948 à 1959, six projets se succèdent, qui reprennent tels ou tels aspects du plan, et suscitent tantôt la réprobation des représentants du primaire, tantôt celle des représentants du secondaire, selon que la réforme semble intégrer l'enseignement primaire supérieur au premier cycle de l'enseignement secondaire, ou l'inverse. Dans les conseils consultatifs, le SNI et le SNES expriment des points de vue opposés, et se solidarisent l'un et l'autre avec leurs administrations de tutelle. Le SGEN n'échappe pas aux dissensions internes, mais parvient peu à peu à une proposition de compromis en faveur de la création de nouveaux établissements pour les onze-treize ans, les « écoles moyennes ».

La tentative la plus discutée de la période est le projet Billières, qui, en 1956, prévoit de prolonger la scolarité obligatoire jusqu'à seize ans et de regrouper les onze-treize ans dans des « écoles moyennes d'orientation ». Le SNI juge la réforme insuffisante, mais émet un avis positif. Le SGEN, l'UNEF et la FCPE en approuvent également les grandes lignes. Le SNES y voit au contraire le début de la dislocation du second degré. Il est rejoint par la Société des agrégés, le SNALC et certaines associations de spécialistes, comme la Franco-ancienne, qui regroupe des professeurs de français et de langues anciennes. Lors du débat à l'Assemblée nationale, chaque courant tente de mobiliser ses propres soutiens. Mais la plupart des partis sont divisés sur la question, et, au total, le rapport des forces se révèle nettement défavorable aux partisans de la réforme. Seule l'oratrice de la SFIO intervient en sa faveur. Le projet est finalement abandonné en juillet 1957.

Paralysie de la FEN et surenchères catégorielles

Avec le retour au pouvoir du général de Gaulle et l'instauration de la Ve République, une partie des changements envisagés va passer dans les faits, mais selon des modalités souvent différentes de ce qu'escomptaient les différents syndicats. En 1959 est tout d'abord adoptée la réforme Berthoin. La fin des études obligatoires est reportée à seize ans. Les cours complémentaires prennent l'appellation de collèges d'enseignement général (CEG), et les deux premières années de tous les enseignements du second degré prennent l'appellation de cycle d'observation. Aucun des syndicats n'est véritablement satisfait. Mais, faute de s'engager suffisamment dans la logique de la réforme, le SNI voit une partie de ses adhérents professeurs de CEG le quitter pour créer une nouvelle organisation, le Syndicat national des collèges (SNC).

Le SGEN lance peu après une campagne en faveur de la démocratisation de l'enseignement, comportant notamment la proposition d'un tronc commun de quatre ans et la formation de l'ensemble des maîtres du premier et du second degré au sein d'instituts universitaires intégrant les anciennes écoles normales. Reprises à son compte par la CFTC, ses propositions sont largement popularisées en 1962. Du point de vue du SNI, la menace est désormais de voir se constituer un statut particulier des professeurs de collège, revendiqué par le SNC, et susceptible de recevoir l'aval du SGEN. Il concentre alors ses attaques sur les soi-disant « modernistes » de la prétendue « gauche nouvelle ». Le conflit interfère par ailleurs avec la question laïque, encore très sensible, deux ans après le rassemblement de Vincennes. Pour le SNI, les transformations préconisées par le SGEN ne serviraient qu'à masquer le retour du cléricalisme, le changement de régime des collèges risquant de conduire à l'introduction d'aumôneries en leur sein. Le SNES, de son côté, continue de refuser toute amputation du secondaire, réclame l'application intégrale du plan Langevin-Wallon et met l'accent sur la nécessaire « qualité » de l'enseignement.

En 1963, la nomination de Christian Fouchet au poste de ministre ouvre une période de changements beaucoup plus importants. L'élément majeur de sa réforme, promulguée en 1965, est la création de nouveaux établissements, les collèges d'enseignement secondaire (CES), au sein desquels sont progressivement rassemblés les enseignements et les maîtres des CEG et des lycées, de la sixième à la troisième. Quatre filières se dessinent dans ce premier cycle semi-intégré : l'enseignement classique et l'enseignement moderne long, conduisant l'un et l'autre au baccalauréat, l'enseignement moderne court, conduisant au brevet, et de nouvelles sections, les classes de transition et les classes pratiques, qui apparaissent bien vite comme des structures de relégation.

Contrairement au plan Langevin-Wallon ou au projet du SGEN, la réforme ne comprend pas d'enseignement commun sur l'ensemble du premier cycle, et limite donc les possiblités de réorientation. Elle ne s'appliquera que dans un petit nombre d'établissements expérimentaux, avant d'être étendue. Elle ne satisfait ni les partisans de l'extension du primaire, ni *a fortiori* ceux de l'extension du secondaire, ni même ceux de la création d'établissements intermédiaires, qui craignent un échec rapide et dénoncent le maintien des cloisonnements socio-scolaires. Elle demande à chaque catégorie de maîtres de s'adapter aux nouvelles structures, mais n'envisage pas de véritable transformation des statuts et de la formation. Elle ne fait par là même qu'aviver les rivalités catégorielles.

Les succès d'Unité et Action

A l'intérieur de la FEN, le conflit entre les « primaires » et les « secondaires » se développe dans un contexte nouveau. La croissance des corps du second degré, liée à l'allongement tendanciel des études, contribue à réduire la place très largement prédominante des instituteurs dans la fédération. Alors que trois adhérents de la FEN sur quatre étaient membres du SNI en 1954, ils ne sont plus que deux sur trois à la fin des années soixante. Le SNES a par ailleurs élargi son assise en concluant un accord avec le Syndicat national de l'enseignement technique (SNET), incluant celui-ci à ses structures.

Les relations de la fédération avec chacun des syndicats sont également en question. La direction fédérale à majorité « autonome » cherche à se dégager de l'influence quasi exclusive du SNI. Paralysée par le conflit SNI-SNES relatif à la réforme Fouchet, elle est aussi en désaccord avec le SNI sur les moyens matériels dont elle peut disposer et se montre plus favorable que lui à l'unité d'action avec la CGT et la CFDT. Espérant susciter une réaction collective, le secrétaire général de la FEN, Georges Lauré, démissionne à la rentrée 1966. Mais la crise ne se produit pas. La majorité « autonome » procède à l'élection de James Marangé pour lui succéder. Pour la première fois, c'est un instituteur qui est placé à la tête de la fédération. Pour les militants du second degré, c'est le signe d'une mainmise accrue du SNI sur la FEN.

Enfin, l'opposition ex-« cégétiste » a décidé de se structurer en véritable « tendance ». Le nouveau courant, fondé en 1966, prend pour nom Unité et Action. Il regroupe principalement les militants et sympathisants du Parti communiste, auxquels se joignent les socialistes du CERES et quelques catholiques. L'opposition est donc en mesure de tirer efficacement parti des conflits qui divisent la majorité depuis plusieurs années. Aux élections internes de 1967, Unité et Action remporte la majorité au SNES et au SNEP. La vague contestatrice touche également le SNI mais plus modérément. Au total, UA remporte plus de 31 % des mandats.

La lutte que mènent entre eux les différents syndicats et courants de la FEN n'est pas sans conséquence sur le fonctionnement de la fédération. Pour résister à la montée en puissance d'Unité et Action, la direction du SNI engage de nouvelles réformes statutaires qui contribuent à une bureaucratisation accrue des structures. Ainsi, la périodicité des congrès nationaux passe d'un an à deux ans en 1969 — elle sera portée à trois ans en 1987. En 1975, les règlements intérieurs de l'ensemble des sections départementales de la FEN sont harmonisés. Ces mesures s'ajoutent à celles prises dès 1963, interdisant toute « autorité syndicale » de rang inférieur à la section départementale, telle que les sections d'établissement, communales ou de circonscription.

4. De la crise universitaire au mouvement de Mai

Déjà perceptibles dans les années soixante, les craquements du monde universitaire vont provoquer une onde de choc considérable au printemps 1968. Acteur central du mouvement, comme le SNESup, ou spectateurs réticents pris dans la révolte, comme les directions du SNI et du SGEN, les organisations enseignantes sortiront pour la plupart ébranlées des « événements ».

L'accélération de la croissance des universités et les transformations structurelles qu'elle engendre comptent pour beaucoup dans le processus qui conduit à la révolte étudiante et au déchirement du corps professoral de l'enseignement supérieur. De 310 000 étudiants et élèves du supérieur en 1960, on passe à 850 000 dix ans plus tard. La diffusion accrue des titres universitaires, qui dépasse largement le développement des professions correspondantes, rend plus problématique leur valorisation et nourrit la remise en cause des finalités de l'Université. Plus globalement, ce sont tout à la fois les conditions matérielles, les modes de vie, et les modes d'inculcation de la culture universitaire qui se trouvent mis en question.

Contre la sélection et pour la paix

Le gouvernement réagit à cette évolution en s'efforçant de réduire la durée des études supérieures et de mettre en place des paliers de sélection permettant d'endiguer le flux des bacheliers. Après l'échec d'une première tentative lors de son arrivée au ministère, Fouchet parvient, en 1966, à mettre en place la majeure partie de sa réforme : remplacement de la propédeutique par un diplôme universitaire d'études scientifiques (DUES) ou littéraire (DUEL), et impossibilité de redoubler plus d'une fois en premier cycle. Une filière technologique supérieure est par ailleurs inaugurée, avec la création des instituts universitaires de technologie (IUT). Mais le nouveau schéma des études ne laisse qu'une place minime à l'orientation en cours de cursus.

La fièvre monte dans les facultés. Une part croissante des étudiants voient dans la sélection le symbole d'une société tout entière soumise aux inégalités, oppressive et refusant à sa jeunesse les moyens de son émancipation. Les thèses les plus critiques à l'égard du système d'enseignement, d'inspiration marxiste ou post-marxiste, connaissent un succès grandissant, tel l'ouvrage de Pierre Bourdieu et Jean-Claude Passeron, *Les Héritiers*, publié en 1964. Un peu partout dans le monde, dans les pays comparables à la France, la contestation étudiante gagne du terrain, et débouche parfois sur la révolte, comme à Berkeley en 1964 ou à Berlin en 1967.

L'attention de cette jeunesse en crise se concentre également sur la guerre du Viêt-nam et sur le rôle que jouent les États-Unis dans le conflit. Un front anti-guerre se reconstitue à l'Université, avec l'UNEF et le SNESup, ainsi que le SNCS, en phase d'extension et dont les positions apparaissent particulièrement en pointe. Le SGEN, en revanche, se tient à l'écart du mouvement, se refusant majoritairement à condamner l'« agression américaine », et privilégiant les démarches auprès des syndicats d'outre-Atlantique. Le 26 novembre 1965, plus de 2 000 étudiants manifestent à Paris pour la paix au Viêt-nam. Comme pendant la guerre d'Algérie, un pôle critique composé d'intellectuels et de militants d'extrême gauche se développe à l'écart du Parti communiste et du « mouvement de la paix ». Le « Comité Viêt-nam national », fondé en octobre 1966, en est l'émanation. On y retrouve notamment Jean-Paul Sartre et Pierre Vidal-Naquet. Il suscite la création de « comités Viêt-nam de base », notamment dans les universités.

Symptôme ou obstacle à l'expression de la contestation étudiante, l'UNEF est alors en pleine déliquescence. Le refus de retourner aux pratiques gestionnaires d'avant la guerre d'Algérie et la critique radicale du système d'enseignement se fractionnent en de multiples courants rivaux, qui s'épuisent dans les querelles doctrinales. Les pressions exercées, tant par l'Église catholique sur les militants de la JEC, que par le Parti communiste sur ceux de l'UEC contribuent à cette éclosion de groupes révolutionnaires d'obédiences diverses : marxistes-léninistes, maoïstes, situationnistes, trotskistes, etc. A partir de 1964, l'organisation étudiante voit fondre ses effectifs et devient ingouvernable. Au début de l'année 1968, seul son vice-président Jacques Sauvageot demeure en fonctions, le bureau de tendance PSU élu en juillet 1967 ayant démissionné.

Une crise de reproduction

Du côté des enseignants, la crise se nourrit d'un conflit entre deux générations universitaires, produits de deux modes de recrutement différents [Bourdieu, 1984]. La croissance rapide du corps professoral — de 8 000 en 1960 à 36 000 en 1970 — entraîne en effet une rupture dans les pratiques de recrutement et de régulation des carrières, en premier lieu dans les facultés de sciences, puis, à la fin des années soixante, dans les facultés de lettres. A un accès restreint, reposant sur des caractéristiques sociales et scolaires stables et homogènes, s'est substitué, pour une partie des nouveaux enseignants, un accès élargi, ouvrant la porte à des agents démunis des dispositions universitaires traditionnelles, mais qui ne garantit plus l'ascension « naturelle » vers les positions les plus reconnues de l'Université. Un peu comme si l'on assistait au passage d'une société traditionnelle à reproduction simple à un univers diversifié, où les règles de régulation du groupe deviennent l'objet de multiples conflits.

Le courant syndical qui traduit le plus étroitement les caractéristiques des nouveaux venus est sans doute la tendance du SNESup dirigée par les communistes, dont les revendications portent essentiellement sur les conditions matérielles, la démocratisation de l'accès à l'enseignement supérieur et les carrières. A la tête du SNESup au milieu des années soixante, elle en reprendra la direction en 1969. Mais, dans le mouvement de contestation globale de l'Université et de la société qui se développe, le courant qui prend en 1966 la tête du principal syndicat de l'enseignement supérieur a une coloration nettement « gauchiste ». Le nouveau secrétaire général, Alain Geismar, maître-assistant de physique à Paris, jouera un rôle de premier plan au cours des « événements ».

Ces transformations de l'enseignement supérieur interviennent dans un contexte de montée du mécontentement social, qui va favoriser l'agitation au sein du milieu universitaire. Dans l'Éducation nationale, plusieurs séries de mesures viennent, en 1966-1967, aggraver le ressentiment des personnels à l'égard du pouvoir gaulliste : réduction de la durée des enseignements professionnels, développement de la formation professionnelle patronale, décrets favorisant les ouvertures de classe et les carrières des maîtres dans l'enseignement privé.

De la révolte étudiante aux grèves ouvrières

Dès le début de l'année 1968, ces mouvements reprennent et s'élargissent. Une fraction de la population lycéenne mène campagne contre la réforme Fouchet et les « lycées-casernes », au sein des comités d'action lycéens (CAL). En décembre, le Parti communiste lance la campagne « Un bateau pour le Viêtnam ». En janvier, à Caen, de jeunes ouvriers de l'industrie automobile s'unissent à des étudiants dans de violentes manifestations. Les défilés pour la paix au Viêt-nam redoublent d'intensité au mois de février, suivis en mars de plusieurs attentats contre des immeubles appartenant à des firmes américaines. Cinq jeunes, parmi lesquels un étudiant de Nanterre, sont arrêtés par la police le 20. En réaction à leur arrestation, un groupe d'étudiants de Nanterre occupe deux jours plus tard les bâtiments administratifs de la faculté et relance l'agitation dans les amphithéâtres, en se faisant connaître sous l'appellation « Mouvement du 22 mars ». A leur tête se trouve un étudiant de sociologie, Daniel Cohn-Bendit.

Le mouvement s'étend début mai à la Sorbonne, avec une participation accrue de l'UNEF. L'organisation étudiante a en effet décidé d'organiser le 3 mai un meeting contre le passage en conseil de discipline de huit étudiants de Nanterre. Le recteur, arguant du risque d'une confrontation avec l'extrême droite, fait appel aux forces de l'ordre, qui non seulement procèdent à l'évacuation de la cour de la Sorbonne, mais embarquent plus de cinq cents étudiants pour « vérification d'identité ». L'« agression policière » provoque immédiatement une réaction de solidarité parmi les étudiants parisiens. Le SNESup lance un appel à la grève générale de toutes les universités à partir du 6 mai. La Sorbonne est fermée et le quartier Latin quadrillé par les forces de police.

Dans la semaine qui suit, la contestation s'étend parmi les lycéens, et prend des formes de plus en plus violentes, encouragée à chaque étape par les matraquages et les interpellations. Le 10 mai au soir, des barricades sont érigées pour « défendre » le quartier Latin. Le ministre de l'Intérieur donne l'ordre d'assaut. S'ensuit un combat de rue particulièrement brutal, occasionnant des dégâts considérables et des centaines d'arrestations.

Prenant la mesure de l'émotion suscitée par la répression gouvernementale, les syndicats de salariés entrent alors en scène. Le 13 mai, une grande manifestation réunit la CGT, la CFDT, la FEN et l'UNEF. Dès le 14, des grèves se développent dans la métallurgie et se propagent rapidement dans l'ensemble du pays. Dix jours plus tard, près de dix millions de salariés ont cessé le travail, dans un mouvement qui unit pour la première fois le secteur privé, les entreprises nationalisées et la fonction publique.

L'esprit de Mai

Au-delà des actions mesurables et des jeux d'appareil, le mouvement de Mai est d'abord un moment historique d'une extraordinaire intensité, où le monde semble se réinventer dans la parole collective. Pour traduire cet esprit, on a cité jusqu'à la caricature des slogans d'inspiration situationniste ou *beatnik* tels que « Il est interdit d'interdire » ou « Faites l'amour, pas la guerre ». On peut également se reporter à la conclusion d'un texte écrit par Daniel Cohn-Bendit en août 1968, où après avoir passé en revue les théories révolutionnaires du passé et leurs impasses, il se retourne vers le lecteur avec ces quelques phrases :

« Maintenant, habille-toi, car j'espère que tu as lu ces pages au lit, et va au cinéma. Là, regarde le morne ennui de ce spectacle qui, généralement, t'exclut. Regarde les images qui valsent devant tes yeux, regarde les acteurs qui font semblant de jouer ce que tu vis quotidiennement, sans malheureusement le jouer. Puis, à la minute où la première publicité apparaît sur l'écran, prends tes tomates et agis. Refuse tout. Puis sors dans la rue, déchire toutes les affiches pour retrouver enfin l'expression politique des journées de mai-juin...

« Puis, reste simplement dans la rue, regarde tes comparses et dis-toi : l'essentiel n'a pas été dit, car il reste à inventer. Alors agis. Trouve de nouvelles relations avec ton amie, aime autrement, refuse la famille. Non pour les autres, mais avec les autres, c'est pour toi que tu fais la révolution, ici et maintenant. »

Daniel COHN-BENDIT, *Le Gauchisme, remède à la maladie sénile du communisme*, Seuil, Paris, 1968.

L'opposition des cultures et des tactiques syndicales

Si l'ensemble des forces de gauche se joint au mouvement de contestation, les différents syndicats et partis divergent quant à leur attitude à l'égard de la révolte étudiante, de ses prétentions révolutionnaires et de ses slogans à tonalité libertaire. Le Parti communiste rejette toute stratégie de renversement du pouvoir par la force, et certains de ses membres, tel Georges Marchais, réprouvent publiquement le mouvement. Au sein de la gauche non communiste, François Mitterrand se dit prêt à assurer la « relève » du gouvernement. La CGT épouse les développements de la grève parmi les salariés, tout en déclarant le 7 mai, par la voix de Georges Séguy, qu'elle n'a « aucune complaisance envers les éléments troubles et provocateurs qui dénigrent la classe ouvrière ». Les dirigeants de la CFDT sympathisent au contraire avec les leaders étudiants. Reprenant à son compte les thèmes anti-autoritaires du mouvement, la centrale entend faire de la mobilisation l'occasion d'une avancée du droit syndical dans l'entreprise et plus globalement de l'autogestion.

Le syndicalisme enseignant est parcouru de fractures analogues, liées aux traditions politiques de ses divers courants et aux dispositions dans lesquelles se trouvent les personnels des différents secteurs. Dans le premier degré, moins mobilisé que l'enseignement secondaire et supérieur, le SNI est d'autant plus prudent qu'il mesure l'écart existant entre Paris et la province. La remise en cause de l'école et des rapports enseignants-enseignés, relayée par certains militants d'extrême gauche et par ceux du SGEN, l'incite à demeurer méfiant. Puis, lorsque le mouvement se généralise, il reprend son rôle habituel de liaison entre les confédérations. Le second degré, général et technique, est beaucoup plus touché par la contestation. Les oppositions internes y sont également plus vives et parcourent les différentes organisations. Les syndicats de la FEN se montrent néanmoins particulièrement actifs. La fédération est enfin, comme on l'a vu, à la pointe du mouvement dans l'enseignement supérieur.

Au SGEN, la crise qui couvait depuis deux ou trois ans éclate pendant les « événements ». Déjà contesté pour ses positions modérées à l'égard de la guerre du Viêt-nam et pour un gouvernement trop personnel de l'organisation, Vignaux est pris à partie par une nouvelle génération de militants, aux inclinations beaucoup plus anti-institutionnelles que les précédentes.

La décrue

Constatant l'échec de la répression, le gouvernement de Georges Pompidou décide la réouverture de la Sorbonne et libère les étudiants emprisonnés. Il réunit par ailleurs les représentants des syndicats représentatifs des salariés pour une négociation au « sommet », qui se tient du 25 au 27 mai au ministère de l'Éducation nationale, rue de Grenelle. Les pré-accords, qui prévoient notamment d'importantes augmentations salariales et la reconnaissance du droit syndical dans l'entreprise, sont repoussés par la CGT lorsqu'elle constate, lors d'un meeting organisé le 27 mai à Renault-Billancourt, l'hostilité des ouvriers à l'égard de ses dirigeants. La situation reste donc provisoirement bloquée. Le 30 mai, l'intervention radiodiffusée du président de la République et la grande manifestation gaulliste amorcent le dénouement de la crise. Progressivement, la CGT s'efforce de faire cesser les grèves ; le 12 juin, les syndicats enseignants suspendent leur mouvement. La décrue s'étale toutefois jusqu'au début du mois de juillet.

Au sortir de cette crise exceptionnelle, le syndicalisme enseignant apparaît dans une situation paradoxale. Depuis plus de dix ans, les militants des syndicats de gauche se sont trouvés sur tous les fronts, souvent en position centrale au sein des différents mouvements. La FEN et le SGEN, chacun à leur échelle, ont continué de se développer et se sont implantés dans de nouveaux secteurs. Présente aux négociations de Grenelle, la FEN a même, de fait, été reconnue par les pouvoirs publics comme un interlocuteur comparable aux grandes confédérations. Dans les années qui suivent, les organisations enseignantes enregistrent, comme celles des autres secteurs, un flot de nouvelles adhésions. Mais la situation révolutionnaire de mai-juin 1968 a accentué les failles traversant le monde enseignant et engendré de nouveaux conflits. Sans être en elle-même ou à elle seule à l'origine des changements qui se font jour, elle marque un changement d'époque.

IV / Un modèle en redéfinition

La crise qui touche de plein fouet le syndicalisme enseignant à partir des années quatre-vingt a des racines anciennes, et se laisse deviner dès la décennie antérieure. Elle trouve en partie ses origines dans les transformations du système d'enseignement et celles de ses différents groupes professionnels. Après mai 1968, ces transformations semblent surtout contribuer à un regain de combativité et à de multiples conflits internes. En fait, une désaffection à l'égard des institutions syndicales est déjà perceptible. Le contexte de désenchantement généralisé qui suit ne fait qu'en accentuer les effets.

Le champ syndical enseignant présente désormais une configuration très différente de celle qui s'était installée à la Libération. Les organisations se sont affaiblies et multipliées ; de nouveaux rapports de force structurent l'espace de représentation. Chaque syndicat entend apporter ses propres réponses aux aspirations qu'il croit déceler parmi ses mandataires, et en dépit de cette dispersion, ou, provisoirement, grâce à elle, on observe un certain renouveau des pratiques revendicatives. La « recomposition » syndicale apparaît finalement comme un moment d'un processus plus large de reconstruction des identités professionnelles.

1. Les mutations des professions enseignantes

Des années cinquante aux années soixante-dix, les organisations enseignantes se développent et se trouvent impliquées dans toute une série de luttes, alors même que l'institution scolaire et les professions de l'enseignement sont en plein bouleversement. La contradiction n'est qu'apparente. En effet, ces transformations ont pour partie des effets différés, et agissent selon des logiques diverses en fonction des contextes politiques et sociaux et des secteurs du système d'enseignement. On a déjà évoqué le cas de l'enseignement supérieur, où la rupture des équilibres traditionnels a provoqué une montée rapide des conflits. Encore faut-il rappeler que le basculement qui s'opère à partir des années soixante n'en est encore qu'à ses débuts, et que, du point de vue de ses publics, l'Université entame sa véritable mutation au cours des années quatre-vingt. Mais l'impact initial des transformations socio-institutionnelles fut sans doute plus brutal dans l'univers académique, et permet de comprendre que l'on y ait assisté à une sorte de flambée inaugurale.

Dans le premier et le second degré, la transformation des conditions d'enseignement et celle des corps enseignants débutent dès les années cinquante. Le succès des cours complémentaires et surtout l'explosion démographique de l'après-guerre entraînent une augmentation considérable des effectifs scolarisés, qui passent en dix ans d'environ cinq millions à plus de sept millions et demi d'élèves. L'extension quantitative se poursuit à la fin des années cinquante et au cours des années soixante, en dépit d'une diminution des naissances. Le relais est en effet assuré par le succès des écoles maternelles et la prolongation des études secondaires, par la voie du second cycle général et technique, ou par celle des filières professionnelles, revalorisées en 1959. Chacun de ces secteurs voit son public scolaire doubler entre 1960 et 1970. Au total, le premier et le second degré accueillent près de douze millions d'élèves en 1970.

Résistance au changement dans le premier degré

Les besoins en personnels engendrés par l'« explosion scolaire » sont assurés dans l'urgence. Dans le premier degré, l'administration fait massivement appel aux auxiliaires dès le début des années cinquante. Entre 80 000 et 100 000 non-normaliens sont recrutés entre 1951 et 1964 pour 75 000 nouveaux normaliens. Le recrutement hors-concours permet à un plus grand nombre de femmes d'entrer dans la profession ; le taux de féminisation passe ainsi de 65 % en 1958 à 70 % en 1972. Dans le même temps, la part des normaliens recrutés au niveau de la troisième diminue, au profit de celle des normaliens recrutés au niveau du baccalauréat. Les nouveaux venus sont plus souvent originaires de familles de cadres, et plus rarement de familles d'ouvriers ou de paysans [Berger, 1954 ; Charles, 1988]. En fait, le métier d'instituteur devient une possibilité parmi d'autres, au terme de trajectoires scolaires plus longues mais inégalement réussies. Il se présente de moins en moins comme la voie privilégiée de la promotion sociale, destinée à l'« élite » du primaire.

Car ce ne sont pas seulement le mode d'entrée dans la profession ou les caractéristiques des maîtres qui évoluent, le système primaire perd lui-même de sa cohérence. L'enseignement primaire n'est plus que le premier degré de la scolarité et ne dispense plus aucun « passeport » pour la vie sociale et professionnelle. La définition sociale du métier d'instituteur se trouve affectée par la restructuration du tissu scolaire consécutif à l'urbanisation. Le maître devient un personnage plus anonyme, que chaque élève fréquente moins longtemps, et dont l'autorité culturelle se trouve de plus en plus contestée par de nouvelles formes de diffusion de la connaissance. Comme l'observent Ida Berger et Roger Benjamin dès 1962 en région parisienne, l'ensemble de ces transformations se traduit par un changement du rapport au métier pour une fraction croissante des maîtres [Berger et Benjamin, 1964]. Dans le cas des institutrices exerçant en milieu urbain et mariées à des cadres, la profession perd tout caractère missionnaire et se réduit à une fonction de salaire d'appoint.

En dépit de ce profond changement social et institutionnel, les traditions professionnelles de l'enseignement primaire paraissent frappées d'immobilité. Jusqu'aux années soixante-dix, non seulement les rapports de force syndicaux restent pratiquement intacts, mais les traditions pédagogiques, les rapports hiérarchiques et les valeurs qui sont au cœur de la vie institutionnelle et de la vie syndicale ne connaissent que des altérations mineures. Les représentants syndicaux restent très majoritairement des hommes [Galand, 1987]. Un certain renouveau s'observe à travers l'essor de mouvements pédagogiques tels que l'École moderne (pédagogie Freinet) ou les centres d'éducation aux méthodes actives. Mais il reste cantonné à certains secteurs de la profession.

Pour comprendre ce décalage, il faut rappeler que le modèle syndical construit par le SNI formait une sorte de bloc d'institutions, de pratiques et de significations, doté d'une exceptionnelle capacité à se reproduire. Il faut également souligner le rôle joué par le SNI dans la titularisation des auxiliaires, et par là même dans l'unification des différentes strates du groupe professionnel. On a enfin noté les effets mobilisateurs du contexte politique des années cinquante et soixante, notamment autour de la « question laïque ».

Une période de transition

Après mai 1968, un glissement s'amorce. Les méthodes pédagogiques traditionnelles font l'objet de nombreuses critiques tandis que les courants anti-autoritaires attirent les nouvelles générations de maîtres. Les écoles normales d'instituteurs deviennent un foyer de propagation d'idées nouvelles, et vont de crise en crise [Laprevote, 1984]. Avec la diffusion des sciences sociales et des enquêtes révélant les inégalités sociales devant l'enseignement, les défenseurs de l'école primaire ne peuvent plus assurer avec autant de certitude qu'elle est l'« école libératrice ». La plupart des jeunes qui rallient le SNI sont animés de la volonté de moderniser la profession, sans pour autant reprendre à leur compte les thèmes les plus antiscolaires de la contestation. Mis en demeure de s'adapter, le syndicat dominant n'est pas dans l'immédiat victime de la vague rénovatrice. Il intègre de jeunes militants, plus ou moins porteurs des idées nouvelles, et réalise une sorte de synthèse entre la tradition laïque et l'« air du temps » spontanéiste des années soixante-dix, condamnant l'« aventurisme pédagogique », mais travaillant à la définition et à la diffusion d'une « pédagogie rénovée ».

Les courants minoritaires du SNI et de la FEN restent contenus. Si, de 1968 à 1971, la tendance Unité et Action a conquis vingt-deux sections départementales, son score se stabilise puis recule à la fin des années soixante-dix. Le courant anarcho-syndicaliste et libertaire est, quant à lui, de plus en plus divisé. En 1964, un conflit interne aux différents groupes trotskistes a déjà conduit les militants de l'Organisation communiste unifiée (OCI) à quitter l'École émancipée pour créer une nouvelle tendance, le Front unique ouvrier (FUO). Dans la suite de mai 1968 se crée un nouveau groupe lui aussi concurrent direct de l'École émancipée, Rénovation syndicale, proche du SGEN et du PSU, dont l'audience deviendra ensuite de plus en plus faible.

Le courant majoritaire est au contraire en voie de redynamisation. Craignant une nouvelle avancée d'Unité et Action, il se structure véritablement en tendance, et adopte l'appellation : Unité, Indépendance et Démocratie (UID). Le SNI résiste également au fractionnement catégoriel que risque d'entraîner la création du corps des PEGC en 1969 ; il fait une place plus importante aux revendications de ce nouveau groupe issu du corps des instituteurs et prend le titre de SNI-Pegc. Le SGEN, de son côté, conserve une faible audience dans l'enseignement primaire, jusqu'en 1978, où il commence très lentement à progresser.

Mais si le courant dominant résiste à ses concurrents, et parvient provisoirement à réaliser la synthèse de l'ancien et du nouveau, il voit, dès le début des années soixante-dix, son influence s'éroder. En pourcentage des inscrits, son score aux élections professionnelles commence à décroître en 1970, au profit de l'abstention. De même voit-il ses effectifs culminer à 316 000 adhérents en 1973, puis chuter d'année en année. Ses interventions dans la vie politique paraissent également plus malaisées, comme on peut le constater en 1971. Réagissant à la pérennisation des contrats simples inscrite dans une nouvelle loi favorable à l'enseignement privé, il tente en vain de mobiliser l'opinion. Sous une apparente bonne santé, le courant dominant semble avoir entamé son déclin.

LES EFFECTIFS DÉCLARÉS PAR LE SNI,
LA FEN ET LE SGEN-CFDT DE 1950 À 1990

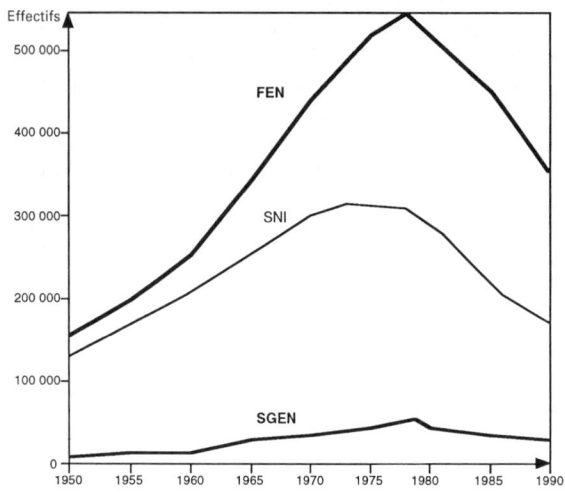

Accentuation des clivages dans le second degré

Dans le second degré, le bouleversement des traditions professionnelles a été encore plus important. La croissance démographique atteint le premier cycle quelques années après l'enseignement primaire, provoquant une crise aiguë de recrutement de 1955 à 1965 [Chapoulie, 1987]. Là aussi, l'administration recourt massivement à l'auxiliariat. La réduction de la part des agrégés dans la profession, déjà engagée dans les années d'après-guerre, ne fait que s'accentuer. Après 1965, les auxiliaires sont progressivement intégrés au corps des adjoints d'enseignement — avant qu'on en recrute à nouveau en masse au début des années soixante-dix —, la part des certifiés s'accroît, tandis que les PEGC prennent place dans l'enseignement secondaire. Comme dans l'enseignement primaire, on observe une tendance à la féminisation et à l'élévation des origines sociales, avec des écarts intergénérationnels toutefois moins importants.

Loin de se simplifier, comme on aurait pu l'attendre du processus d'unification du secondaire, la distribution par corps gagne en complexité. Pour chaque catégorie, les contenus d'enseignement se diversifient, lorsque se mettent en place les CES. Surtout, le public scolaire est plus hétérogène, les enfants des classes populaires et les élèves médiocres arrivant désormais en classe de sixième. Ce ne sont pas seulement le sens et les conditions de l'enseignement qui se trouvent modifiés. C'est au fond leur statut social que les professeurs perçoivent menacé, comme en atteste l'afflux vers l'enseignement supérieur et la recherche.

En dépit du passage à un enseignement de masse, les formes d'enseignement restent globalement stables dans les années soixante, alors que se développe un profond malaise pédagogique. L'ambiance rénovatrice des années soixante-dix n'a pas les mêmes effets que dans l'enseignement primaire. Les conflits entre enseignants « traditionnels » et « rénovateurs », au moins aussi violents que dans le premier degré, se trouvent moins intégrés aux processus unificateurs du syndicalisme de corps. Car si le SNES et les autres syndicats de la FEN jouent un rôle important de régulation interne, ils ne bénéficient ni d'un esprit de corps comparable à celui de l'enseignement primaire, ni du capital de pouvoir politique accumulé par le SNI.

Un courant minoritaire s'attache à définir une pédagogie adaptée aux nouvelles missions de l'enseignement secondaire, notamment autour de la revue *Les Cahiers pédagogiques* ou du Groupe français d'éducation nouvelle. Certains secteurs institutionnels en pointe dans la modernisation, comme la recherche pédagogique en mathématiques, s'engagent dans la mise au point de nouvelles méthodes, non sans provoquer des résistances. Mais si le courant rénovateur se développe et trouve des relais dans une partie du SNES et au SGEN, le courant conservateur se renforce lui aussi. En réaction au mouvement de Mai et aux réformes engagées par le ministre Edgar Faure, les organisations de droite telles que le SNALC et les groupes autonomes de l'enseignement secondaire redoublent d'activité et étendent leur implantation. Les clivages internes au secondaire ne font en fait que s'accentuer et s'expriment dans l'espace concurrentiel de la représentation syndicale. La situation des collèges — où se côtoient au minimum les délégués du SNES, du SNI-Pegc, du SNEP, du SGEN, du SNALC et du SNC — est de ce point de vue presque caricaturale.

Pour le syndicat majoritaire, la crise que traverse le système d'enseignement apparaît finalement moins nuisible dans l'enseignement secondaire que dans l'enseignement primaire. Le SNES est à la fois plus impliqué dans la contestation soixante-huitarde — sans pour autant abandonner le terrain de la défense du secondaire et de son unité —, lié aux courants modernisateurs les plus reconnus — sans adopter la posture moderniste du SGEN ou celle de mentor de la profession du SNI-Pegc [Robert, 1995]. Il parvient ainsi à fédérer les aspirations au changement et les revendications catégorielles les plus diverses. Si son audience régresse en 1969, elle stagne ensuite pendant une dizaine d'années, tandis que ses effectifs continuent à croître jusqu'en 1978, où ils atteignent 91 000 adhérents.

La spécificité de l'enseignement professionnel

Au sein des enseignements publics de second degré, la filière professionnelle conserve sa spécificité. Son histoire se lie en grande partie à celle de son concurrent direct, la formation en centre d'apprentissage, et à la politique menée par les pouvoirs publics à son égard. La collaboration conflictuelle avec le patronat a également conduit ce secteur à élaborer sa propre pédagogie, sur la base des référentiels de formation et d'une approche plus pratique des connaissances. Du point de vue des caractéristiques des enseignants, un changement important s'opère à partir de 1972. Alors que les professeurs d'enseignement général étaient auparavant d'anciens instituteurs et ceux de l'enseignement pratique des ouvriers ou des techniciens reconvertis, le recrutement se fait, à partir de cette date, sur la base d'un diplôme de l'enseignement supérieur. Parmi les professeurs d'enseignement pratique s'installe un clivage entre l'ancienne génération et la nouvelle, dont la moitié seulement dispose d'une expérience professionnelle [Tanguy, 1991].

La prolongation de la scolarité obligatoire et la relative ouverture du second cycle n'ont pas été sans effets sur l'enseignement professionnel, tendant à le réduire à une voie de relégation. La résistance des militants du SNETAA au rétrécissement des filières professionnelles ou à l'unification des établissements de second cycle, souvent contre les autres syndicats de la FEN, les a conduits à renforcer leurs spécificités dans l'espace des organisations enseignantes.

2. Le désenchantement

Une conjonction de divers phénomènes va précipiter la crise de la représentation syndicale enseignante au cours des années quatre-vingt : reflux général du mouvement syndical, montée du chômage et des difficultés urbaines, extension de la scolarisation de masse et désillusions politiques de l'après-mai 1981.

La plupart des grandes organisations syndicales connaissent des difficultés croissantes au cours de cette période. Les adhésions, déjà très faibles en France, ne cessent de diminuer, et l'image des syndicats de se détériorer. L'institutionnalisation des organisations n'est pas seule en cause. Les transformations socio-économiques, au premier rang desquelles l'installation d'un chômage de masse, les nouvelles stratégies patronales et l'évolution culturelle du salariat entraînent une régression de la conflictualité sociale. Ainsi, de 1976 au début des années quatre-vingt-dix, le total annuel des journées perdues pour fait de grève est en diminution presque constante. Si le syndicalisme enseignant n'est pas directement atteint par les mutations économiques, la crise morale que traverse l'ensemble du mouvement ouvrier réduit les possibilités de transformation sociale et remet en cause l'idée même de progrès social.

Dans l'Éducation, cette crise du sens de l'action sociale se double d'un brouillage des finalités du système d'enseignement. Alors que la scolarité moyenne s'allonge pour la plupart des catégories sociales, les inégalités de réussite restent tout aussi importantes et l'institution scolaire ne fait souvent que conserver en son sein des jeunes qui en sont potentiellement exclus [Dubet, 1991 ; Bourdieu, 1993]. Le désenchantement à l'égard de l'école tend d'autant plus à s'installer parmi ses usagers que l'offre d'emplois destinés aux jeunes ne cesse de se réduire. Alors que formellement le système s'est homogénéisé, ses différenciations internes sont de plus en plus importantes, notamment entre établissements. Et la montée de la concurrence sur le marché scolaire se joignant à la relégation croissante de nombre de quartiers populaires, le métier devient particulièrement difficile pour toute une partie des personnels de l'enseignement.

Le passage au pouvoir de la gauche se révèle par ailleurs assez désastreux pour le courant majoritaire de la FEN. Non seulement parce que le ministre socialiste Alain Savary puise autant dans le programme du SNES ou dans celui du SGEN que dans le sien — ce qui n'est pas en soi une nouveauté. Mais parce que le retour tant attendu aux principes laïques se fait attendre, et se termine dans une vaste confrontation nationale qui tourne à la faveur du camp clérical.

La défaite laïque et la crise du SNI

Rallié à l'idée d'intégrer les maîtres et les établissements de l'enseignement privé subventionné plutôt que de leur soustraire l'aide de l'État, le SNI et le camp laïque n'en attendent pas moins en 1981 une stricte application du principe « à école publique, fonds publics ; à école privée, fonds privés ». Mais Alain Savary, tenu d'appliquer la promesse de François Mitterrand de réaliser le « grand service public unifié et laïque de l'Éducation nationale », est également chargé de le faire « sans spoliation ni monopole » ainsi que par la concertation. Pendant près de trois ans, les propositions se succèdent, tandis que se remobilisent les deux camps, autour des APEL et du CNAL. Le projet Savary, enfin mis au point au printemps 1984, ne prévoit aucune nationalisation des établissements privés, mais incite à une intégration progressive au service public de ceux qui se trouvent sous contrat avec l'État, et oblige à un financement équivalent des établissements publics et privés.

N'acceptant pas le compromis réalisé, les fractions du Parti socialiste les plus liées au camp laïque imposent l'intégration de plusieurs amendements lors du débat au parlement. L'un d'eux stipule notamment que les communes ne devront financer les écoles sous contrat d'association que lorsque la majorité des maîtres aura été fonctionnarisée. Prenant prétexte de ces tardives modifications, les APEL, l'épiscopat et les partis de droite remobilisent massivement les défenseurs de l'« école libre ». Le 24 juin 1984, une semaine après l'échec de la gauche aux élections européennes, de 500 000 à un million de manifestants défilent dans Paris, au nom de la liberté. Le président de la République annonce le 12 juillet qu'un nouveau projet de loi sera déposé. Si les « ultra-laïcs » en sont plutôt satisfaits, l'échec est néanmoins cinglant pour l'ensemble des forces laïques, et particulièrement pour la direction du SNI et de la FEN.

L'ambiance politique et intellectuelle du milieu des années quatre-vingt est par ailleurs très défavorable aux défenseurs de l'école primaire et d'un certain réformisme pédagogique. Les politiques de modernisation menées depuis une quinzaine d'années, d'Edgar Faure à Alain Savary, font l'objet d'attaques croisées émanant du courant conservateur traditionnel — représenté notamment par la Société des agrégés et par le SNALC — et d'une gauche méritocratique, attachée aux traditions de l'enseignement secondaire et nostalgique des valeurs de l'ancien système primaire. La « pédagogie rénovée », les « activités d'éveil », le « pédagogisme » et parfois l'ignorance des « petits maîtres » sont tournés en dérision par une série de pamphlets et d'émissions de télévision, où s'exprime une même répulsion à l'égard des « primaires » [Isambert-Jamati, 1985].

C'est dans ce contexte difficile pour le courant syndical dominant que Force ouvrière décide de mettre toutes ses forces dans la conquête du milieu enseignant. Engagée dès le milieu des années soixante-dix, la reconstruction de syndicats FO de l'enseignement s'accélère en 1984 avec la création du Syndicat national unifié des directeurs et des instituteurs (SNUDI-FO). Comme dans le Syndicat national des lycées et collèges (SNFOLC), on y retrouve, unis dans un même rejet de la politique rénovatrice de Savary, les militants trotskistes du Parti communiste internationaliste (PCI, ex-OCI), issus de la tendance Front unique ouvrier de la FEN, et des militants « proches » du RPR, déjà affiliés à la confédération. Le secrétaire général de la centrale, André Bergeron, apporte un soutien appuyé à l'entreprise. Aux élections professionnelles de décembre 1984, les syndicats enseignants Force ouvrière obtiennent près de 12 % des suffrages, au lieu des 2,5 % recueillis deux ans plus tôt. La FEN passe de 66 % à 58,5 % ; le SGEN de 15 % à 13,5 %.

De la « recomposition externe » à la « recomposition interne »

A la crise morale du courant syndical dominant se joint une crise matérielle, liée à la baisse de la syndicalisation et à la diminution des postes de permanents consécutive au recul des scores électoraux. La tendance UID craint également de perdre la direction de la FEN, par le simple jeu de l'extension plus rapide des corps de l'enseignement secondaire, où le courant Unité et Action est majoritaire. Alors qu'en 1945 on comptait 17 000 professeurs pour 155 000 instituteurs, on en est en 1985 à 372 000 enseignants du second degré contre 313 000 dans le premier degré. Si les taux de syndicalisation restent pour l'heure supérieurs chez les instituteurs, le renversement de la direction paraît presque programmé.

Pour résister à l'effondrement qui menace, les dirigeants de la FEN s'engagent dans une réflexion sur l'avenir du syndicalisme, qui les conduit à remettre profondément en cause les structures et certaines des orientations de la fédération : le rôle des tendances dans la vie syndicale devrait être revu à la baisse et celui des instances fédérales renforcé, la perspective de la réunification de la CGT serait abandonnée au profit d'un rapprochement avec les syndicats autonomes de même « sensibilité », les relations entre le système éducatif et les milieux économiques devraient être approfondies, et les métiers de l'enseignement repensés. Au-delà d'une possible adaptation aux aspirations des nouvelles générations, les changements envisagés poursuivent un double objectif. D'une part, les modifications des structures et des orientations éducatives doivent permettre de faire bouger les clivages internes de la fédération. D'autre part, le changement de stratégie intersyndicale doit favoriser la constitution d'un pôle de syndicats réformistes, première étape d'une « recomposition » plus large intégrant la CFDT et Force ouvrière.

Les projets de la direction fédérale suscitent, dès qu'ils sont connus, une vive polémique au sein de la FEN. Les minoritaires y voient la main du Parti socialiste ; les majoritaires s'attaquent de leur côté au « conservatisme » d'Unité et Action. La « recomposition externe » provisoirement enterrée, en raison des réticences de la CFDT et de FO, le conflit se resserre, à la fin des années quatre-vingt, sur les projets de la direction fédérale dans le domaine pédagogique et sur sa revendication d'un rapprochement ou d'une fusion des corps enseignants du premier et du second degré. L'enjeu de la bataille interne devient alors directement celui du découpage des champs de syndicalisation et des relations entre la direction fédérale et les syndicats nationaux.

Le succès relatif des « coordinations » chez les instituteurs

La crise du syndicalisme des instituteurs se manifeste de la façon la plus nette au cours du conflit des « maîtres-directeurs » en janvier-février 1987. La domination du SNI sur l'espace de la représentation de l'enseignement primaire se trouve alors soudainement mise en question par l'émergence de « coordinations », animées par des militants du SGEN et de l'École émancipée, et dans lesquelles se reconnaissent une large partie des jeunes instituteurs. Provoqué par la volonté du ministre René Monory de renforcer les prérogatives des directeurs d'école, le conflit se présente comme une sorte de rattrapage de l'état du groupe réel sur ses structures politiques.

Le style iconoclaste des manifestations, le thème de la mobilisation, à forte composante anti-institutionnelle, renvoient aux caractéristiques des nouvelles générations de maîtres, d'origines sociales plus élevées, passées par l'Université, et en opposition avec la culture traditionnelle de la profession. La transformation des trajectoires suivies par les nouveaux recrutés s'est en effet poursuivie bien au-delà des années soixante-dix, en particulier dans les régions les plus urbanisées. Comme le montre Frédéric Charles, les nouveaux venus, beaucoup plus souvent déclassés et marqués par un échec à l'Université, se perçoivent comme « non redevables vis-à-vis de l'institution scolaire » et refusent de jouer le jeu de l'institution [Charles, 1988]. L'analyse comparée des groupes mobilisés dans les Deux-Sèvres, département rural du Centre-Ouest, et à Paris, montre également que ces jeunes instituteurs en révolte se caractérisent par un style de vie moins programmé, marqué par la recherche de soi et de l'autre, que l'on mesure par exemple par un fort taux de célibat [Geay, 1991]. Les femmes semblent également trouver beaucoup plus aisément leur place dans ce style de mouvement.

« Des gens qui se rencontrent pour un problème... »

Les instituteurs mobilisés au sein des « coordinations » invoquent la nécessité et leur désir d'un débat libre et authentique, que ne permettraient pas ou plus les « grands » syndicats. Chez les non-syndiqués, cette démarche est également associée au caractère temporaire de l'engagement et à la place prééminente de l'individu dans la mobilisation.

« Je me suis engagé parce que j'avais envie de faire quelque chose à ce moment-là », déclare par exemple un instituteur des Deux-sèvres [1]. Un de ceux qu'il a côtoyés à l'occasion du conflit décrit de son côté la « coordination » comme « un lieu de discussion où on aborde les problèmes véritablement. Chacun décide de sa position. Chacun peut prendre la parole, pour arriver à une décision. On ne se plie pas aux ordres d'une machine en route. Ce sont des gens qui se rencontrent pour un problème, et qui se décident pour ça [2]. »

La participation au mouvement semble engager la « personne » dans toute sa profondeur, c'est-à-dire, paradoxalement, dans ce qu'elle a de plus irréductible à une expression collective. Là où la mobilisation a été la plus forte, comme à Paris, l'expérience des « coordinations » est souvent associée à une intensité et à un resserrement des liens affectifs, tantôt dans le registre du plaisir (« C'est une très bonne expérience ! [Rire] Un mouvement très sympa qui a permis aux gens de se mobiliser, à partir d'une cause juste. Les gens étaient soudés. On a formé un groupe de gens. On est tous devenus des amis. C'est qui m'a motivé le plus [3]. »), tantôt dans celui de l'épreuve (« On ne s'en est pas encore vraiment remis. C'est psychologique, si vous voulez. Les gens sont encore sous le choc de cette lutte. Moi-même, aussi. On a beaucoup donné [4]. »)

La représentation du mouvement se construit sur deux scènes, celle de la réunion de la « coordination », où se joue la production d'une parole libérée des tutelles syndicales, diverse et progressivement synthétisée, et celle de la manifestation, où le groupe se donne à voir au reste de la profession et à la presse. C'est sans doute dans ce second espace que la figure de la « coordination » est au plus près des dispositions des jeunes instituteurs en rupture avec les traditions professionnelles. Saynètes, déguisements, tamtams, chansons : à travers un ensemble d'objets qui ont pour signification jeunesse et fête, le groupe mobilisé exprime ce qui le distingue des autres maîtres, tout en produisant une représentation qui sera d'autant mieux reproduite par les « médias » qu'elle répond aux attentes d'une partie des journalistes [Champagne, 1990].

---

1. Instituteur de 30 ans, fils de pasteur et vivant maritalement avec une artiste ; pas de poursuite d'études ; non syndiqué.
2. Instituteur de 23 ans, fils de conseiller principal d'éducation et vivant maritalement avec une institutrice ; études supérieures ; non syndiqué.
3. Institutrice de 24 ans, fille de cadre moyen et vivant maritalement avec un instituteur ; pas de poursuite d'études ; syndiquée au SGEN.
4. Institutrice de 43 ans, fille de cadre moyen et mariée à un professeur ; études supérieures en cours de carrière ; un enfant ; syndiquée au SGEN.

Pour une présentation plus complète du mouvement des instituteurs de l'hiver 1987, cf. GEAY [1991].

Si les forces dont dispose encore le SNI, en particulier dans les départements ruraux, lui permettent de rester en position de force, le succès relatif des « coordinations » manifeste un décalage considérable entre la représentation instituée et toute une partie du groupe. La nécessité d'un changement en profondeur des structures syndicales n'en apparaît que plus urgente aux yeux des dirigeants de la FEN.

3. Le processus de restructuration

A partir du printemps 1987, les orientations des dirigeants du SNI et de la FEN se précisent. Le syndicat du premier degré abandonne la perspective d'une extension du système primaire jusqu'à la troisième, et prône un rapprochement de l'ensemble des corps enseignants de la maternelle à la terminale. La laïcité passe au second plan. Un an plus tard, la FEN lance un projet plus large, intitulé « École de l'an 2000 », qui préconise une transformation en profondeur du système d'enseignement, fondée sur la responsabilisation des maîtres, la rénovation des méthodes pédagogiques, l'assouplissement des procédures d'évaluation et d'orientation, et une distribution des moyens corrigeant l'effet des inégalités sociales. Sur le plan tactique, il s'agit d'obtenir des syndicats qui composent la FEN un pacte revendicatif unique, puis, du futur gouvernement, une revalorisation d'ensemble des professions enseignantes.

Les principaux syndicats de l'enseignement secondaire refusent la logique des réformes envisagées. Le SNES y voit une menace sur le baccalauréat, sur l'agrégation et plus largement sur la « qualité de l'enseignement ». Le SNETAA, bien qu'il soit à majorité UID, s'annonce en désaccord avec le projet de la direction de la FEN, jugé excessivement « ouvert » au monde patronal et susceptible de laminer l'enseignement professionnel. Il crée une nouvelle tendance, baptisée Autrement, fondée sur le respect des spécificités professionnelles et de la démocratie interne de la fédération. L'ensemble des minoritaires accuse les dirigeants de vouloir briser l'organisation.

Avec l'arrivée au ministère de Lionel Jospin et l'ouverture de négociations sur le plan de réforme et de revalorisation promis par les socialistes, les oppositions entre corps et courants de la FEN se déchaînent. Au terme d'une année de manifestations et de tractations multiples, les choix gouvernementaux sont arrêtés. Les enseignants du premier degré et de toutes les catégories du second degré seront désormais recrutés au niveau de la licence, et auront des carrières comparables à celles des certifiés. Les formations professionnelles initiales seront harmonisées et regroupées au sein d'instituts universitaires de formation des maîtres (IUFM). Une revalorisation salariale est par ailleurs accordée à l'ensemble des personnels, pour l'essentiel sous la forme de primes et d'amélioration des fins de carrière. Les principes de la réforme, qui s'intéresse aussi aux contenus d'enseignement, sont rapportés dans une loi d'orientation publiée en juillet, au moment du bicentenaire de la Révolution.

Dans l'enseignement primaire, une page se tourne. Les écoles normales perdent leur appellation et adoptent un statut universitaire. Les nouveaux maîtres prennent le titre de professeurs des écoles. Au-delà d'une importante revalorisation du métier se produit une sorte de secondarisation de la profession. Dans le secondaire, les statuts des professeurs de collège et des professeurs de lycée professionnel font également l'objet d'une refonte progressive. La nécessité d'une formation professionnelle est mieux affirmée que par le passé, sauf pour les agrégés. Mais si l'on assiste bien à un rapprochement des conditions et des statuts, le principe du corps unique n'est pas retenu, à la satisfaction du SNES, de Force ouvrière et des syndicats « modérés ». Du point de vue des conflits internes à la FEN, ce rapprochement relatif des corps enseignants ne tranche ni en faveur d'une unicité du métier enseignant, ni dans le sens d'une conservation des identités traditionnelles.

L'échec d'un « scénario »

La mise en œuvre du projet de « recomposition » redémarre peu après, au cours de la préparation du congrès que la FEN doit tenir à Clermont-Ferrand, en février 1991. Le courant majoritaire se divise alors sur la stratégie à adopter. Autour de Yannick Simbron se dessine un pôle favorable à une démarche ambitieuse mais progressive, susceptible d'entraîner une majorité des adhérents, y compris une partie des militants et des sympathisants des tendances minoritaires. La direction du SNI, en particulier son secrétaire général Jean-Claude Barbarant, ne partage pas l'optimisme du secrétaire général de la fédération et souhaite réaliser rapidement la « recomposition » interne. Au congrès de Clermont-Ferrand, Simbron semble provisoirement l'emporter. Contrairement aux attentes de nombreux militants majoritaires, le congrès extraordinaire qui doit adopter les changements statutaires est reporté à la fin 1992. Les syndiqués seront préalablement consultés. Mais, dès le mois de juin 1991, Simbron et ses proches sont démis de leurs mandats par les instances nationales de la FEN, sans consultation des adhérents ; un proche de Barbarant, Guy Le Néouannic, est placé à la tête de la fédération. La consultation est reportée.

En mars 1992, le « scénario » de la direction du SNI se dévoile. La commission des conflits est saisie des « manquements à la discipline fédérale » dont se rendent « coupables » depuis des années le SNES et le SNEP, l'un et l'autre à majorité Unité et Action. Immédiatement après, un bureau national puis un conseil fédéral extraordinaire votent l'exclusion pure et simple des deux syndicats. Puis le SNI consulte rapidement ses adhérents et, réuni en congrès extraordinaire, décide en juin d'étendre son champ de syndicalisation à l'ensemble des enseignants du primaire et du secondaire. Il prend à cet effet le titre de Syndicat des enseignants (SE). Le processus de scission ne fait ensuite que se développer au sein de chaque structure de la FEN. Il s'accompagne de multiples conflits autour des biens mis à disposition des syndicats et des sections départementales de la fédération, et d'actions menées par les deux parties sur le terrain judiciaire.

L'opération est loin d'être une réussite pour la FEN. Réunis dès le congrès de 1991 autour d'une déclaration commune, la « Charte de Clermont-Ferrand », tous les syndicats oppositionnels excepté le SNCS, l'ensemble des tendances minoritaires et la plus grande partie de leurs militants se regroupent dans une nouvelle organisation, la Fédération syndicale unitaire (FSU). En prenant la responsabilité de la scission, les dirigeants de la FEN ont perdu leur image de militants « unitaires » et sont apparus motivés par des considérations politiciennes. Le redéploiement escompté est un échec non seulement dans le second degré, mais également dans le premier degré qui représentait le bastion historique de la FEN. Aux élections professionnelles de décembre 1993, le SE n'obtient que 37 % des voix dans l'enseignement primaire, et chute à 32 % en 1996. Son nouveau concurrent, le Syndicat national unitaire des instituteurs, professeurs des écoles et Pegc (SNUipp-FSU) recueille 28 % des suffrages dès 1993, et fait un bond à plus de 39 % en 1996, bouleversant les rapports de force en place depuis l'après-guerre.

La FSU réussit au contraire, dès 1993, à obtenir un score légèrement supérieur à celui de la FEN pour l'ensemble des personnels de l'Éducation nationale, et creuse l'écart en 1996. Une pratique syndicale fondée sur la recherche du consensus, le respect des minorités et la consultation systématique des personnels y refait surface et lui confère une image plus démocratique et plus dynamique, en particulier dans le premier degré, dans l'élan créateur de la fondation du SNUipp. Dans les conflits sociaux qui suivent la création de la fédération, celle-ci apparaît particulièrement en pointe et renforce sa position dans l'espace des fédérations et des confédérations.

Dispersion ou redynamisation ?

La restructuration en cours du champ syndical enseignant se traduit par une dispersion organisationnelle croissante. La crise du syndicalisme « unitaire » que représentait l'ancienne FEN a en quelque sorte libéré les forces antagonistes qui parcouraient les professions enseignantes et leurs structures de représentation. Précédé par l'offensive de Force ouvrière, l'éclatement de la fédération majoritaire s'accompagne et est suivi de plusieurs créations de nouveaux syndicats.

Ainsi, au moment de la scission, une minorité de l'École émancipée, hostile à une alliance avec Unité et Action et Autrement, reste à l'écart de la FSU et crée dans quelques départements des structures de liaison intersyndicale ou de nouvelles organisations, les Syndicats départementaux de l'éducation (SDE). Le processus se poursuit quelques années après du côté du SGEN, à la suite de la mobilisation de novembre-décembre 1995 contre le plan Juppé de réforme de la Sécurité sociale. La prise de position de la direction de la CFDT en faveur des mesures prévues par le gouvernement et contre les grèves a accru les tensions internes à la centrale et provoqué une scission de la branche SNCF et, à une plus petite échelle, le départ de nombreuses sections ou syndicats départementaux de divers secteurs professionnels vers de nouvelles organisations, baptisées Solidaires, Unitaires et Démocratiques (SUD), suivant l'exemple des militants de la Poste et des Télécommunications exclus de la CFDT en 1989. C'est notamment le cas dans l'Éducation, où une partie de l'aile gauche du SGEN a créé au printemps 1996 la nouveau syndicat SUD-Éducation.

Cette tendance à l'éparpillement ne se traduit pas pour autant par une diminution des capacités de mobilisation des enseignants. Sans vraiment s'éloigner des formes d'action modérées qui sont dans sa tradition, l'Éducation nationale figure parmi les secteurs qui ont contribué à un certain renouveau des luttes sociales depuis la fin des années quatre-vingt. La mobilisation des personnels fut particulièrement significative en janvier 1994, lorsque le ministre de centre droit François Bayrou voulut modifier la loi Falloux dans une direction favorable à l'enseignement privé, ou en décembre 1995, contre le plan Juppé.

Fortes et porteuses de sens — exprimant un attachement renouvelé à la laïcité dans le premier cas, une exigence de solidarité dans le second —, ces mobilisations restent toutefois momentanées et pour l'essentiel défensives. Paradoxalement, l'unité d'action des différents courants est souvent plus large qu'auparavant. Mais elle se réalise chaque fois au prix d'un long travail d'approche et de négociation. En raison de la concurrence, chaque syndicat consacre par ailleurs une grande part de ses ressources matérielles et symboliques à des publications ou à des actions lui permettant d'affirmer son identité. Enfin, si l'adhésion semble de nouveau progresser au sein des principales fédérations, l'engagement militant reste le plus souvent à un niveau très bas. La redynamisation que semble avoir permise la restructuration du champ n'est donc pas exempte de contradictions.

Les nouvelles positions et leurs limites

Chacune des fédérations est elle-même confrontée aux limites de sa stratégie. Le cas le plus évident est, bien sûr, celui de la FEN. Après avoir perdu près d'un adhérent sur deux dans la scission, il semble qu'elle soit depuis dans une logique de déclin. Son implantation apparaît déséquilibrée, encore forte dans l'enseignement primaire et parmi les non-enseignants, très faible dans les enseignements secondaire et supérieur. Enfin, du point de vue de ses orientations, le fait qu'elle se soit réduite à la tendance UID n'a pas nécessairement simplifié la discussion interne. La greffe des options modernistes sur le fond républicain et laïque n'est pas sans soulever de difficultés. De même le choix affiché du « réformisme » entre-t-il parfois en contradiction avec l'aspiration des personnels à participer à des actions unitaires.

Dans la situation actuelle, les perspectives dont dispose le SGEN-CFDT ne sont guère plus évidentes. Les changements idéologiques opérés par la FEN — comme les options en faveur du « travailler autrement » ou de l'« ouverture » de l'école — et les orientations éducatives adoptées par la FSU — notamment la lutte contre l'« échec scolaire » — ont considérablement réduit l'originalité de ses revendications. Son discours modernisateur, qui s'était peu à peu stabilisé après la crise de 1968-1970, s'est également heurté à la vague libérale des années quatre-vingt, faisant apparaître nombre de ses propositions « autogestionnaires » comme des instruments de dérégulation du système d'enseignement. Ses relations avec la CFDT, fruit d'une longue histoire faite de rapprochements et de distanciations, semblent pour le moins complexes. Depuis une dizaine d'années, il se refuse à la fois à soutenir la direction confédérale et à rejoindre son opposition déclarée. Si cette attitude ambivalente lui a sans doute permis de résister au mieux à la réalisation d'un accord FEN-CFDT contraire à ses intérêts, il paraît de plus en plus difficile à tenir compte tenu des clivages croissants qui divisent la confédération.

La FNECFP-FO peut sembler relativement à l'écart des tensions et des restructurations en cours. Affirmant chaque fois qu'elle le peut son autonomie d'action, elle reste à l'écart des autres fédérations au nom d'un syndicalisme présenté comme le seul véritablement authentique. Dès la fin des années quatre-vingt, elle n'a cependant pas échappé à un conflit interne entre son aile trotskiste et son aile « modérée », qui s'est rapidement terminé par un arbitrage confédéral au profit de la première et par une scission. Demeurant à un faible niveau d'implantation, son avenir est probablement très largement soumis à celui de sa direction confédérale, au soutien de laquelle elle consacre une grande part de son énergie.

Parmi les syndicats les moins développés, les petites organisations marquées à gauche, comme la FERC-CGT, la FAEN ou SUD-Éducation, restent nécessairement très attentives aux évolutions des principales fédérations. Les organisations les plus marquées à droite, telles que le SCENRAC-CFTC ou la CSEN, semblent moins affectées par le processus de restructuration. Ne se réclamant pas d'un syndicalisme de critique sociale et de contestation, et disposant de référents idéologiques relativement stables, elles peuvent sans trop de difficultés cultiver leurs particularismes et leurs relais politiques au sein des partis conservateurs. Le cas de la CSEN semble toutefois spécifique. Il semble en effet qu'elle soit actuellement l'objet d'une infiltration de militants du Front national, en particulier au SNALC.

Les contradictions de la FSU

Mais c'est probablement la FSU qui se trouve dans le nœud de contradictions le plus important. Dans un contexte où les grandes confédérations ne cessent de cultiver leurs distinctions — à l'exception peut-être de la CGT dans ses proclamations officielles —, la fédération « unitaire » s'est réapproprié la position ambiguë de l'ancienne FEN : celle d'une fédération autonome exprimant son attachement à l'unité du mouvement syndical interprofessionnel. Depuis sa constitution, elle s'est rapprochée du Groupe des dix, et plus spécifiquement de SUD-PTT. La création de SUD-Éducation a ensuite rendu ces relations plus difficiles. Elle a également soutenu le lancement du mouvement Agir ensemble contre le chômage ! (AC !), regroupement de syndicalistes, de militants associatifs et de chômeurs luttant pour la réduction massive du temps de travail et pour la défense des droits des sans-emplois et des précaires. Soucieuse d'une certaine image d'organisation de masse, elle y est toutefois moins active que les fédérations de la gauche de la CFDT ou du Groupe des dix, à l'initiative du mouvement.

Son fonctionnement interne porte également l'empreinte des conditions dans lesquelles elle s'est constituée. Le rassemblement des anciens syndicats et tendances minoritaires de la FEN s'est en effet effectué en opposition à la volonté des dirigeants UID de renforcer le rôle de la fédération par rapport aux syndicats nationaux et de procéder à des regroupements de syndicats. La fondation de la FSU s'est donc faite sur la base de la conservation des structures de la FEN. La souveraineté des syndicats nationaux y a même été renforcée. La règle qui impose une majorité de 70 % pour toute décision relative aux orientations de la fédération, introduite contre le risque d'hégémonie de tel ou tel syndicat ou courant, peut même, paradoxalement, être utilisée par les organisations en position centrale, pour geler les initiatives fédérales bousculant leurs propres orientations. La seule véritable modification à l'égard des traditions de la FEN a consisté à intégrer des représentants des tendances minoritaires aux directions syndicales, et par là même à assouplir les relations entre tendances.

Michel Deschamps, cheville ouvrière d'une synthèse improbable

A la tête de la FSU depuis sa création en 1993, Michel Deschamps incarne à bien des égards la synthèse que tente de réaliser la direction de la nouvelle fédération, par-delà les multiples clivages corporatifs hérités de l'ancienne FEN. Il fut d'abord choisi pour des raisons tactiques. Alors qu'il s'agissait de faire porter la responsabilité de la scission sur la direction du SNI, en position résolument dominante dans l'ancienne fédération, il ne pouvait être question de choisir un secrétaire issu des principaux syndicats nationaux, SNUipp et surtout SNES. Pour montrer la volonté des exclus-scissionnistes de faire travailler ensemble les militants des tendances Unité et Action, Autrement et l'École émancipée, il était préférable d'élire un représentant disposant d'une image la moins « sectaire » possible. Il fallait enfin signifier un souci de dépassement des oppositions catégorielles, alors même que la FSU se constituait contre le projet de la direction de la FEN d'imposer des fusions et des rapprochements entre corps et catégories.

Michel Deschamps remplissait toutes ces conditions. En effet, le syndicat de l'enseignement agricole public (SNETAP) dont il était le secrétaire général, était à la fois une organisation de petite taille, peu engagée dans les luttes de tendances, et multicatégorielle — regroupant tous les personnels de son secteur d'implantation, de l'agent de service au proviseur, en passant par le professeur d'enseignement technique ou d'enseignement général. Comme il le remarque lui-même, il ne lui manquait que d'être une femme pour réunir tous les critères d'une image renouvelée du syndicalisme enseignant.

Sans doute sa façon raisonnée d'aborder les problèmes, son style tout à la fois modeste et professoral ont-ils également contribué à en faire l'homme de la situation. Fils et frère d'ouvriers, il dut abandonner ses études secondaires en classe de première « latin-grec » pour travailler, passant d'un « petit boulot » à l'autre, le plus souvent comme magasinier. Pourtant, sans être mal à l'aise dans son milieu, il n'avait « jamais pensé qu'[il] finirait ouvrier ». Aussi, lorsque, au terme de son service militaire, il envisage son retour à la vie civile, il décide de se présenter au concours spécial d'entrée à l'Université. Devenu étudiant peu avant 1968, il est quelques années après recruté comme maître-auxiliaire de français, histoire et géographie, dans l'enseignement agricole. Il bénéficie par la suite d'un plan de titularisation par voie interne.

Ses activités et ses opinions ne sont pas non plus celles d'un héritier. Alors que ses parents n'étaient en rien des militants, il prend de premiers engagements dès son entrée dans la vie active, en particulier à la CGT, puis à la FEN lorsqu'il devient enseignant. Ayant comme beaucoup d'autres reçu une éducation religieuse de pure convention, il s'affirme ensuite comme un « laïc convaincu ».

A la tête d'une organisation structurée pour l'essentiel sur la base de syndicats nationaux, il s'efforce d'insuffler un esprit véritablement fédéral, contribuant au « dialogue » entre catégories de personnels, par représentants interposés. Il est également de ceux qui militent pour un engagement de la FSU dans les luttes sociales extra-professionnelles, telles que celles menées par Droit au logement ou par les « sans-papiers », même s'il reste attaché à la perspective d'un syndicalisme rassemblé et confédéré. Seul dirigeant purement fédéral de la FSU — aux côtés des représentants des syndicats nationaux —, son activité court sans cesse le risque de devenir marginale, l'essentiel de l'action revendicative étant prise en charge par les différents syndicats. Il doit notamment composer avec le SNES et surtout le SNETAA, particulièrement réticent à l'égard de toute extension du pouvoir fédéral. C'est donc par la recherche de compromis sans cesse remis en cause et par l'imposition de son style discret et rassembleur qu'il travaille à renforcer les capacités d'intervention de la fédération. C'est là tout le paradoxe et le pari que représente sa position.

Les citations et les éléments biographiques intégrés à ce portrait ont été collectés lors d'un entretien avec Michel Deschamps réalisé le 28 septembre 1996.

A l'intérieur de la nouvelle fédération, l'opposition entre les « primaires » et les « secondaires » s'est vite reconstituée. On retrouve ainsi un attachement plus fort aux principes égalitaires et à l'unification intercatégorielle au SNUipp, tandis que le SNES demeure plus respectueux des hiérarchies professionnelles et de leurs justifications en termes de différences de qualification. Se liant à une présence plus importante de l'École émancipée au SNUipp et à une évolution politique différente des militants Unité et Action du SNES et du SNUipp, le clivage primaire/secondaire s'attache aussi à de nouveaux objets. Ainsi, en décembre 1995, les sections SNUipp ont souvent plaidé en faveur de la grève « reconductible » et de la tenue d'assemblées générales, lorsque celles du SNES préféraient s'en tenir à une succession de « temps forts » d'initiative syndicale. Ainsi, bien que l'évolution sociologique des corps enseignants et celle des statuts et des institutions de formation plaident en faveur d'un dépassement des anciennes oppositions, le jeu des différenciations politiques et la structuration par syndicats nationaux semblent contribuer à leur persistance.

Quelques pistes pour l'avenir

L'observation socio-historique du syndicalisme de l'enseignement public français conduit à faire la part des contraintes structurelles et des tendances lourdes selon lesquelles il se reproduit et se transforme. Les mutations professionnelles, l'éclatement de la FEN et les nombreux changements organisationnels qui sont intervenus depuis une vingtaine d'années ont incontestablement bouleversé les conditions dans lesquelles se construit la représentation des personnels. Mais toute une partie des valeurs, des régulations institutionnelles et des oppositions structurantes de cet espace professionnel demeure pratiquement inchangée. De même la rénovation des pratiques et de l'image du syndicalisme que l'on observe au sein des nouvelles organisations risque de masquer le caractère souvent épisodique des actions collectives et le brouillage persistant de leurs finalités.

On perçoit néanmoins qu'au-delà des enjeux d'appareil et des luttes de courants s'esquisse un processus de redéfinition des identités syndicales, autour de quelques questions, en elles-mêmes peu nouvelles et non spécifiques au syndicalisme enseignant, mais qui se posent à lui avec une acuité particulière dans la période actuelle. On peut les regrouper autour de trois interrogations générales : quel rapport aux questions d'ordre professionnel ? quelles relations avec les personnels ? quelle place dans le mouvement syndical français ?

L'un des enjeux les plus importants et peut-être les moins bien perçus de la redéfinition en cours touche aux relations que les organisations syndicales entretiennent avec le contenu professionnel des métiers de l'enseignement, notamment avec la sphère éducative et pédagogique. Si les syndicalistes semblent en mesure d'exprimer à quel point les revendications quantitatives se justifient par la volonté de dispenser un enseignement de qualité et de répondre aux difficultés suscitées par la crise sociale et par l'hétérogénéité croissante des publics scolaires, la prise en charge d'une argumentation véritablement professionnelle est-elle suffisamment assurée au sein des principales organisations ? Le discours des militants sur la pratique n'en reste-t-il pas trop souvent à l'énoncé de quelques formules rituelles — qu'elles soient conservatrices, modernistes ou de « synthèse » —, élaborées dans une logique de pure politique interne ?

Même lorsque les organisations syndicales entretiennent des relations suivies avec les associations professionnelles et les mouvements pédagogiques, il leur reste sans doute à élaborer et à étayer des orientations où se rencontrent la défense des intérêts corporatifs, l'espoir d'une société plus juste et la réflexion sur les pratiques. Surtout, les difficultés rencontrées par les personnels dans les établissements les plus exposés aux contradictions du système d'enseignement et aux effets de la précarité économique pourraient faire l'objet d'une analyse redonnant plus nettement des perspectives à l'acte éducatif, et d'actions immédiates en termes de solidarité entre les personnels. Enfin, si les personnels ouvriers, techniciens ou administratifs ne sauraient être exclus de telles actions, il serait sans doute nécessaire que se poursuive en parallèle une réflexion sur les métiers non enseignants de l'éducation.

On pourra objecter qu'il n'est pas du ressort des organisations syndicales de prendre en charge les questions d'ordre professionnel. C'est en effet une définition possible du syndicalisme. C'est toutefois l'une des spécificités historiques du mouvement corporatif enseignant que d'avoir recouru à une logique non strictement revendicative, de s'être développé sur de multiples bases professionnelles. Depuis les années quatre-vingt, la page est tournée du syndicalisme fondé sur une unité corporative maximale et sur un attachement presque exclusif aux traditions institutionnelles. La sphère professionnelle doit-elle en être pour autant désertée et les difficultés rencontrées par les personnels seulement utilisées pour le renforcement des appareils ? C'est en fait la question de l'autonomie professionnelle qui se trouve ainsi posée : en rester à une division du travail qui délègue à l'Inspection, à l'Université ou aux IUFM la tâche de penser les métiers de l'enseignement, ou encourager les personnels à se saisir d'enjeux qui touchent directement à leurs conditions de travail.

Il n'est pas certain qu'on aille actuellement dans cette seconde direction. Même si quelques syndicats s'y essaient, la crise des mouvements pédagogiques, la diffusion des travaux de recherche en éducation et la montée en puissance des IUFM semblent avoir eu pour effet de délégitimer l'intervention des personnels en ce domaine. Cette évolution apparaît pour le moins paradoxale, à l'heure où l'on proclame partout l'émergence d'une nouvelle culture professionnelle, fondée sur un renforcement de l'autonomie des personnels. Sans tomber dans quelque « basisme » pédagogique, il y aurait sans doute place pour des actions où se redéfinisse une pensée critique, articulant les résultats de la recherche et l'expérience des professionnels.

Régulations démocratiques et aspirations des personnels

La question des relations avec les personnels et, en un sens, du fonctionnement démocratique des organisations syndicales a été tout aussi nettement posée au cours des dernières années. Le succès relatif des « coordinations » à la fin des années quatre-vingt a ainsi révélé l'aspiration d'une partie des personnels à assumer le plus directement possible la conduite des mobilisations les plus importantes, alors même qu'elle ne revendique pas un investissement durable dans l'action syndicale. La volonté de prendre en compte ce type de demande semble depuis s'être développée au sein des principales organisations. Il reste à imaginer et à enraciner de nouvelles habitudes collectives qui, sans remettre en cause le caractère permanent de l'activité, permette chaque fois que c'est possible la prise de décision par les personnels eux-mêmes, et l'adaptation des formes de mobilisation aux variations de la demande revendicative.

Le débat relatif aux logiques de fonctionnement démocratique des organisations s'est également porté sur l'articulation entre identités professionnelles et orientations communes des fédérations. Ce fut notamment le cas lors de la scission de la FEN et de la création de la FSU. On touche là à une contradiction aussi vieille que le syndicalisme : peut-on tout à la fois s'efforcer de dégager les intérêts communs du salariat et s'appuyer sur les revendications caractéristiques de telles et telles professions, sur la base d'identités construites selon tout un système de distinctions interprofessionnelles ? Peut-on à l'inverse fonder la lutte pour la transformation sociale sur les aspirations des personnels, sans partir de leurs visions du monde et de leurs intérêts les plus immédiats ?

Sans doute faut-il constamment rechercher un équilibre entre une synthèse porteuse de changement social et la défense des identités professionnelles. Mais, au-delà de la gestion de la situation créée par l'histoire sociale et institutionnelle, l'enjeu pour les syndicalistes n'est-il pas d'aménager les structures et de construire les modes de fonctionnement qui permettent aux catégories de se rencontrer, de faire converger les visions de l'institution et du monde social ? A moins d'accepter une définition du syndicalisme qui ne soit que la totalisation des demandes sectorielles, sans aucune perspective de transformation sociale.

Une place à définir au sein du mouvement social

La place du syndicalisme de l'enseignement au sein du champ syndical français est sans doute l'enjeu qui mobilise le plus fortement les militants. Les stratégies des différents acteurs semblent pourtant dans l'impasse. Au sein d'un mouvement syndical qui ne cesse de se diviser, les syndicats enseignants sont eux-mêmes entrés dans un processus de fragmentation. Et alors qu'ils proclament leur attachement à la solidarité interprofessionnelle, ils demeurent majoritairement à l'écart des confédérations. A bien des égards, l'actuel émiettement organisationnel apparaît totalement dénué de sens.

Certes, la relation des organisations autonomes aux domaines extra-professionnels s'est quelque peu modifiée. La perspective d'une réunification des confédérations sur le modèle de l'ancienne FEN n'étant plus d'actualité, les organisations qui en sont issues ont renouvelé leur approche des différentes composantes du mouvement social, notamment en direction du monde associatif et du syndicalisme autonome. Mais du point de vue même de la plupart des syndicalistes concernés, la situation présente reste insatisfaisante. Et dès qu'ils envisagent de la faire évoluer, ils se trouvent confrontés à la même alternative paralysante : soit regrouper les organisations autonomes et accroître la division interconfédérale, soit se rapprocher de telle ou telle confédération et accroître la division du syndicalisme enseignant.

Pourtant, les débats et les pratiques qui se développent au sein des différentes fédérations sont porteurs d'une interrogation beaucoup plus profonde sur la nature des relations inter- ou extra-professionnelles à venir et sur l'utilité d'un mouvement social plus cohérent sans être pour autant structuré autour d'un modèle unique. Mettre cette réflexion au centre de tout projet d'unification serait sans doute le meilleur moyen de dépasser les blocages actuels et de ne pas retomber dans les errements des stratégies de « recomposition » pensées dans une pure logique d'addition de forces politiquement proches.

Du traitement de ces différentes questions dépend probablement pour partie l'avenir du syndicalisme de l'enseignement. Même si son évolution est très largement tributaire des processus à l'œuvre depuis des années, des clivages qui continuent de structurer l'espace de représentation et des dispositions formées dans l'état antérieur du système, ce ne peut être de façon absolue. Parmi les éléments qui peuvent contrarier la logique apparemment mécanique des processus sociaux, il faut notamment compter avec le doute et le désir de lucidité d'une partie au moins des militants.

Table des sigles

AC ! : Agir ensemble contre le chômage !
APEL : Association de parents de l'enseignement libre
CAMIF : centrale d'achats des adhérents de la MAIF
CAP : commission administrative paritaire
CASDEN : Caisse d'aide sociale de l'Éducation nationale
CNAL : Comité national d'action laïque
CFDT : Confédération française démocratique du travail
CFTC : Confédération française des travailleurs chrétiens
CGC : Confédération générale des cadres
CGT : Confédération générale du travail
CGTU : Confédération générale du travail unitaire (1922-1936)
CSEN : Confédération syndicale de l'Éducation nationale (autonome)
CTP : comité technique paritaire
ENS : école normale supérieure
FAEN : Fédération autonome de l'Éducation nationale (affiliée à la FGAF)
FCPE : Fédération des conseils de parents d'élèves de l'enseignement public
FEN : Fédération de l'Éducation nationale (autonome puis affiliée à l'UNSA)
FEP : Fédération de l'enseignement privé (affiliée à la CFDT)
FERC : Fédération de l'éducation, de la recherche et de la culture (affiliée à la CGT)
FGAF : Fédération générale autonome des fonctionnaires (affiliée à l'UNSA)
FGE : Fédération générale de l'enseignement (affiliée à la CGT de l'entre-deux-guerres ; devenue ensuite la FEN)
FMEL : Fédération des membres de l'enseignement laïque (affiliée à la CGTU)
FNECFP : Fédération nationale de l'enseignement, de la culture et de la formation professionnelle (affiliée à la CGT-Force ouvrière)

FNSI : Fédération nationale des syndicats d'instituteurs (affiliée à la CGT avant la Première Guerre mondiale)

FO, ou CGT-FO : Confédération générale du travail-Force ouvrière

FSU : Fédération syndicale unitaire (autonome)

IUFM : institut universitaire de formation des maîtres

JEC : Jeunesse étudiante chrétienne

MAIF : Mutuelle assurance des instituteurs de France

MGEN : Mutuelle générale de l'Éducation nationale

MRIFEN : Mutuelle retraite des instituteurs et fonctionnaires de l'Éducation nationale

MRP : Mouvement républicain populaire

OAS : Organisation armée secrète

PEGC : professeur d'enseignement général de collège

PSU : Parti socialiste unifié

SCENRAC : Syndicat chrétien de l'Éducation nationale, de la recherche et des affaires culturelles (affilié à la CFTC d'après 1964)

SDE : syndicats départementaux de l'Éducation (autonomes)

SE : Syndicat des enseignants (affilié à la FEN)

SFIO : Section française de l'Internationale ouvrière (dénomination du Parti socialiste des années vingt aux années soixante)

SGEN : Syndicat général de l'Éducation nationale (affilié à la CFDT)

SN : Syndicat national des institutrices et instituteurs publics de France et des colonies (affilié à la CGT de l'entre-deux-guerres ; devenu ensuite le SNI-FEN)

SNAEN : Syndicat national des agents de l'Éducation nationale (affilié à la FEN)

SNASUB : Syndicat national de l'administration scolaire et universitaire, et des bibliothèques (affilié à la FEN puis à la FSU)

SNB : Syndicat national des bibliothèques (affilié à la FEN)

SNC, puis SNCL : Syndicat national des collèges (et des lycées), (affilié à la FAEN)

SNCS : Syndicat national des chercheurs scientifiques (affilié à la FEN puis autonome)

SNEAP : Syndicat national de l'enseignement agricole public (affilié à la FEN d'après 1992)

SNEC : Syndicat national de l'enseignement chrétien (affilié à la CFTC)

SNEP : Syndicat national de l'éducation physique (affilié à la FEN puis à la FSU)

SNES : Syndicat national des enseignements de second degré (affilié à la FEN puis à la FSU)

SNESup : Syndicat national de l'enseignement supérieur (affilié à la FEN puis à la FSU)

SNETAA : Syndicat national des professeurs de lycée professionnel et des personnels d'éducation (ex-Syndicat national de l'enseignement technique et de l'apprentissage autonome, affilié à la FEN puis à la FSU)

- SNETAP : Syndicat national de l'enseignement technique agricole public (affilié à la FEN puis à la FSU)
- SNI, puis SNI-Pegc : Syndicat national des instituteurs (et PEGC, affilié à la FEN ; transformé en 1992 en Syndicat des enseignants)
- SNFOLC : Syndicat national FO des lycées et collèges (affilié à la FNECFP-FO)
- SNPIUFM : Syndicat national des professeurs d'IUFM (affilié à la FEN puis à la FSU)
- SNPREES : Syndicat national des personnels de recherche et des établissements d'enseignement supérieur (affilié à la FNECFP-FO)
- SNPTES : Syndicat national des ingénieurs, techniciens et administratifs de l'enseignement supérieur et de la recherche (affilié à la FEN)
- SNUDEP : Syndicat national pour l'unification du service public d'éducation et la défense des personnels de l'enseignement privé (1983-86, affilié à la FEN)
- SNUDI : Syndicat national unifié des directeurs et instituteurs de l'enseignement (affilié à la FNECFP-FO)
- SNUipp : Syndicat national unitaire des instituteurs, professeurs des écoles et professeurs de l'enseignement général des collèges (affilié à la FSU)
- SPASEEN : Syndicat des personnels administratifs des services extérieurs de l'Éducation nationale (affilié à la FNECFP-FO)
- SPELC : Syndicat professionnel de l'enseignement libre catholique (associé au Groupe des dix)
- SUD : Solidaires, Unitaires et Démocratiques (affilié au Groupe des dix)
- SUDEL : Société universitaire d'édition et de librairie
- SUP'R : Syndicat national de l'enseignement supérieur et de la recherche (affilié à la FEN d'après 1992)
- UA : Unité et Action (tendance de la FEN puis de la FSU)
- UID : Unité, Indépendance et Démocratie (tendance majoritaire de l'ex-FEN)
- UNATOS : Union nationale des agents, techniciens et ouvriers de service (affiliée à la FSU)
- UNEF : Union nationale des étudiants de France
- UNSA : Union nationale des syndicats autonomes

Repères bibliographiques

AIGUEPERSE H. et CHERAMY R., *Un syndicat pas comme les autres : le SNI*, Martinsart-SUDEL, Paris, 1990.

ALLEG H. (dir.), *La Guerre d'Algérie*, Temps actuels, tomes 1, 2 et 3, 1981.

AUBA J. et LECLERCQ J.-M., *Les Enseignants dans les sociétés modernes, une même interrogation*, La Documentation française, Paris, 1985.

AUBERT V., « Système professionnel et esprit de corps. Le rôle du Syndicat national des instituteurs », *Pouvoirs*, 30, 1984.

AUBERT V., BERGOUNIOUX A., MARTIN J.-P. et MOURIAUX R., *La Forteresse enseignante : la Fédération de l'Éducation nationale*, Fondation Saint-Simon/Fayard, Paris, 1985.

BERGER I., « Sur l'origine sociale de trois générations d'instituteurs dans la Seine », *Bulletin de la société d'études historiques, géographiques et scientifiques de la région parisienne*, juillet 1954.

BERGER I. (introd. et commentaire), *Lettres d'institutrices rurales d'autrefois rédigées à la suite de l'enquête de Francisque Sarcey en 1897*, Imprimerie nationale, s.d.

BERGER I. et BENJAMIN R., *L'Univers des instituteurs, étude sociologique sur les instituteurs et institutrices du département de la Seine*, Hachette, Paris, 1964.

BERGOUNIOUX A., *Force ouvrière*, PUF, Paris, 1982.

BOURDIEU P., *La Distinction. Critique sociale du jugement*, Minuit, Paris, 1979.

BOURDIEU P., *Homo academicus*, Minuit, Paris, 1984.

BOURDIEU P. (dir.), *La Misère du monde*, Seuil, Paris, 1993.

BOURDIEU P., *Raisons pratiques. Sur la théorie de l'action*, Seuil, Paris, 1994.

BRIAND J.-P. et CHAPOULIE J.-M., *Les Collèges du peuple*, INRP,

CNRS et ENS Fontenay-Saint-Cloud, 1992.

BRON J., *Histoire du mouvement ouvrier français*, Éd. Ouvrières, Paris, 1973.

CACOUAULT M. et ŒUVRARD F., *Sociologie de l'éducation*, La Découverte, coll. « Repères », Paris, 1995.

CHAMPAGNE P., *Faire l'opinion. Le nouveau jeu politique*, Minuit, Paris, 1990.

CHAPOULIE J.-M., « Sur l'analyse sociologique des groupes professionnels », *Revue française de sociologie*, XIV, 1973.

CHAPOULIE J.-M., *Les Professeurs de l'enseignement secondaire, un métier de classe moyenne*, Éd. de la MSH, Paris, 1987.

CHARLES F., *Instituteurs, un coup au moral. Genèse d'une crise de reproduction*, Ramsay, Paris, 1988.

DELSAUT Y., *La Place du maître. Une chronique des écoles normales d'instituteurs*, L'Harmattan, Paris, 1992.

DUBET F., *Les Lycéens*, Seuil, Paris, 1991.

FERRÉ M., *Histoire du mouvement syndicaliste révolutionnaire chez les instituteurs*, SUDEL, Paris, 1958.

FLAMMANT T., *L'École émancipée, une contre-culture de la Belle époque*, Treignac, Les Monédières, 1982.

GALAND M.-F., *Les Militantes du SNI-Pegc de 1945 à 1981*, thèse de troisième cycle, Paris-I, 1987.

GEAY B., « Espace social et "coordinations", le mouvement des instituteurs de l'hiver 1987 », *Actes de la recherche en sciences sociales*, n° 86-97, mars 1991.

GEAY B., *La Fin de l'univers primaire. Les instituteurs et la représentation syndicale*, thèse doctorat, EHESS, Paris, 1994.

GERBOD P., « Associations et syndicalisme universitaires, 1828-1929 », *Le Mouvement social*, n° 55, avril-juin 1966.

GIRAULT J., « Aux origines du syndicalisme enseignant. Un exemple : le Var », in *Mélanges d'histoire sociale offerts à Jean Maitron*, Éd. Ouvrières, Paris, 1976.

GIRAULT J., « Le mouvement des instituteurs », in RÉMOND R. et BOURDIN J., *La France et les Français en 1938-39*, Presses de la FNSP, Paris, 1978.

GOFFMAN E., *Asiles. Études sur la condition sociale des malades mentaux*, Minuit, Paris, 1975.

ISAMBERT-JAMATI V., « Les primaires, ces "incapables prétentieux" », *Revue française de pédagogie*, n° 73, 1985.

LABBÉ D., « Les principales fédérations et confédérations syndicales de salariés », in *L'état de la France 1996-97*, La Découverte, Paris, 1996.

LAPREVOTE G., *Les Écoles normales primaires en France, 1879-1979. Splendeurs et misères de la formation des maîtres*, Presses universitaires de Lyon, Lyon, 1984.

LEFRANC G., *Le Syndicalisme en France*, PUF, Paris, 1978.

LEFRANC G., « André Delmas, secrétaire général du SNI (1932-1939) », *in Visages du mouvement ouvrier français*, PUF, Paris, 1982.

LÉVY-LEBRUN J., *Une école républicaine et rurale, les instituteurs des années trente en Eure-et-Loir*, Horvath, Le Coteau, 1990.

MOURIAUX R., *Le Syndicalisme enseignant en France*, PUF, Paris, 1996.

MUEL-DREYFUS F., *Le Métier d'éducateur*, Minuit, Paris, 1983.

OZOUF J., *Nous les maîtres d'école. Autobiographies d'instituteurs de la Belle Époque*, Julliard-Gallimard, Paris, 1973.

PROST A., *L'Enseignement en France. 1800-1967*, A. Colin, Paris, 1970.

PROST A., *Éducation, société et politiques*, Seuil, Paris, 1992.

ROBERT A., « Réponses syndicales (SNI-PEGC, SNES) au phénomène de désyndicalisation dans les années quatre-vingt : recours à une logique strictement syndicale et/ou à une logique "professionnelle" ? », *in* HENRIOT-VAN ZANTEN A., PLAISANCE E. et SIROTA R., *Les Transformations du système éducatif. Acteurs et politiques*, L'Harmattan, Paris, 1993.

ROBERT A., *Le Syndicalisme des enseignants des écoles, collèges et lycées*, CNDP-La Documentation française, Paris, 1995.

ROBERT A. et MORNETTAS J.-J., *Profession et syndicats vus par des enseignants du second degré*, Adapt-SNES, Paris, 1995.

SAPOJNIK D., « Novembre 1947-mars 1948 : la Fédération de l'Éducation nationale (FEN) choisit l'autonomie », *Le Mouvement social*, n° 92, juillet-septembre 1975.

SINGER M., *Histoire du SGEN, 1937-1970. Le Syndicat général de l'Éducation nationale*, Presses universitaires de Lille, Lille, 1987.

SINGER M., *Le SGEN, des origines à nos jours*, Cerf, Paris, 1993.

SWEETS J.-F., *Choices in Vichy France. The French under Nazi Occupation*, Oxford University Press, New York-Oxford, 1986.

TANGUY L., *L'Enseignement professionnel en France. Des ouvriers aux techniciens*, PUF, Paris, 1991.

VASSAL M., *Les Instituteurs du Loiret et le syndicalisme (1905-1925)*, mémoire de maîtrise d'histoire, Paris-I, CRHMSS, 1987.

Liste des tableaux, graphiques et encadrés

Audience des principales fédérations et confédérations dans l'Éducation nationale (1996).
Le réseau des associations et des « œuvres » laïques.
Le partage des champs de syndicalisation au sein des principales fédérations enseignantes.
Les organismes paritaires : CAP et CTP.
Le manifeste des instituteurs syndicalistes.
La « morale professionnelle » des instituteurs, un compromis entre familialisme et républicanisme.
Les filiations des principales fédérations syndicales de l'enseignement public.
André Delmas et Georges Lapierre, les deux visages du SN.
Paul Vignaux : l'intellectuel, le chrétien, le laïc.
L'esprit de Mai.
Les effectifs déclarés par le SNI, la FEN et le SGEN-CFDT de 1950 à 1990.
« Des gens qui se rencontrent pour un problème... »
Michel Deschamps, cheville ouvrière d'une synthèse improbable.

Table

Introduction 3
    Syndicalisme enseignant ou syndicalisme de l'enseignement ? 4

I / Les spécificités du syndicalisme enseignant 6
   1. Une force importante malgré sa dispersion 6
     La réduction de la FEN 7
     L'apparition de la FSU et la persistance du SGEN . 9
     La diversité des syndicats minoritaires 10
   2. Le poids des corps et des catégories 11
     La prédominance du syndicalisme autonome 14
     Le cloisonnement interne 15
     Expression du milieu ou « corporatisme » ? 17
   3. L'intégration aux régulations institutionnelles 18
     Participation à la gestion et syndicalisme « de services » 19
     Les réseaux de l'enseignement supérieur 23
     Un processus d'autonomisation professionnelle ? . 24
   4. L'ambition universaliste 25
     Les variations autour du modèle républicain 26
     Une capacité singulière de légitimation 28
   5. Le monde à part de l'enseignement privé 29
     La prégnance du clivage public-privé 30

II / Genèse d'un syndicalisme de corps 32
  1. Les luttes pour la représentation professionnelle . 32
    La condition des instituteurs et l'émergence de l'amicalisme 34
    Deux stratégies en concurrence 35
    La segmentation de l'univers professoral 39
  2. La synthèse de l'amicalisme et du syndicalisme . 40
    Passage au statut syndical et continuité avec l'amicalisme 42
    Le déploiement du syndicalisme de corps 43
    L'extension aux enseignements secondaire et supérieur 46
  3. La structuration du champ syndical enseignant .. 49
    L'unification FGE-FMEL 49
    La création du SNALC et du SGEN 50
    L'épreuve de la guerre 52
    La FEN choisit l'autonomie 55

III / Apogée et diversification du militantisme enseignant 58
  1. Stabilisation organisationnelle, luttes laïques et renforcement du syndicalisme autonome 59
    La mise en place des « tendances » 60
    Champ syndical et stratégies des organisations ... 61
    La résurgence du cléricalisme 62
    Le camp laïque et ses frontières 63
    Le summum du syndicalisme républicain 64
  2. La guerre d'Algérie et la recomposition de la gauche 66
    Les militants enseignants face au nationalisme algérien 66
    L'engagement contre la guerre 68
    L'unité syndicale pour la défense de la République 69
    Les gauches en redéfinition 72
  3. Unification scolaire et divisions de la FEN 73
    Paralysie de la FEN et surenchères catégorielles . 75
    Les succès d'Unité et Action 76
  4. De la crise universitaire au mouvement de Mai . 77
    Contre la sélection et pour la paix 78

Une crise de reproduction	79
De la révolte étudiante aux grèves ouvrières	81
L'opposition des cultures et des tactiques syndicales	82
La décrue	84

IV / Un modèle en redéfinition 85
   1. Les mutations des professions enseignantes 86
     Résistance au changement dans le premier degré . 87
     Une période de transition 88
     Accentuation des clivages dans le second degré .. 90
     La spécificité de l'enseignement professionnel 92
   2. Le désenchantement 93
     La défaite laïque et la crise du SNI 94
     De la « recomposition externe » à la « recomposition interne » 96
     Le succès relatif des « coordinations » chez les instituteurs 97
   3. Le processus de restructuration 99
     L'échec d'un « scénario » 100
     Dispersion ou redynamisation ? 102
     Les nouvelles positions et leurs limites 103
     Les contradictions de la FSU 105

Quelques pistes pour l'avenir 109
     Identités syndicales et définition des métiers de l'enseignement 110
     Régulations démocratiques et aspirations des personnels 111
     Une place à définir au sein du mouvement social . 112

Table des sigles 114

Repères bibliographiques 117

Liste des tableaux, graphiques et encadrés 120

La collection « Repères »
est animée par Jean-Paul Piriou
avec Bernard Colasse, Françoise Dreyfus,
Hervé Hamon, Dominique Merllié
et Christophe Prochasson

L'affaire Dreyfus, n° 141, Vincent Duclert.
L'aménagement du territoire, n° 176, Nicole de Montricher.
L'analyse de la conjoncture, n° 90, Jean-Pierre Cling.
L'analyse financière de l'entreprise, n° 153, Bernard Colasse.
L'argumentation dans la communication, n° 204, Philippe Breton.
Les banques, n° 21, Claude J. Simon.
Les biotechnologies, n° 61, Chantal Ducos et Pierre-Benoît Joly.
La Bourse, n° 4, Michel Durand.
Le budget de l'État, n° 33, Maurice Baslé.
Le calcul des coûts dans les organisations, n° 181, Pierre Mévellec.
Le calcul économique, n° 89, Bernard Walliser.
Le capitalisme historique, n° 29, Immanuel Wallerstein.
Les catégories socioprofessionnelles, n° 62, Alain Desrosières et Laurent Thévenot.
Le chômage, n° 22, Jacques Freyssinet.
Le commerce international, n° 65, Michel Rainelli.
Le comportement électoral des Français, n° 41, Colette Ysmal.
La comptabilité anglo-saxonne, n° 201, Peter Walton.
La comptabilité en perspective, n° 119, Michel Capron.
La comptabilité nationale, n° 57, Jean-Paul Piriou.
La concurrence imparfaite, n° 146, Jean Gabszewicz.
Les Constitutions françaises, n° 184, Olivier Le Cour Grandmaison.
La crise dans les pays de l'Est, n° 24, Marcel Drach.
La décentralisation, n° 44, Xavier Greffe.
La démographie, n° 105, Jacques Vallin.
La dette des tiers mondes, n° 136, Marc Raffinot.
Le développement économique de l'Asie orientale, n° 172, Éric Bouteiller et Michel Fouquin.
Les DOM-TOM, n° 151, Gérard Belorgey et Geneviève Bertrand.
Le droit international humanitaire, n° 196, Patricia Buirette.
L'économie britannique depuis 1945, n° 111, Véronique Riches.
L'économie de l'Afrique, n° 117, Philippe Hugon.
Économie de l'automobile, n° 171, Jean-Jacques Chanaron et Yannick Lung.

- **L'économie de la culture**, n° 192, Françoise Benhamou.
- **L'économie de la RFA**, n° 77, Magali Demotes-Mainard.
- **L'économie de l'Italie**, n° 175, Giovanni Balcet.
- **L'économie des États-Unis**, n° 80, Monique Fouet.
- **L'économie des organisations**, n° 86, Claude Menard.
- **L'économie des relations interentreprises**, n° 165, Bernard Baudry.
- **L'économie des services**, n° 113, Jean Gadrey.
- **L'économie informelle dans le tiers monde**, n° 155, Bruno Lautier.
- **Économie et écologie**, n° 158, Frank-Dominique Vivien.
- **L'économie française 1995**, n° 160, OFCE.
- **L'économie française 1996**, n° 182, OFCE.
- **L'économie mondiale 1993**, n° 112, CEPII.
- **L'économie mondiale 1994**, n° 127, CEPII.
- **L'économie mondiale 1995**, n° 149, CEPII.
- **L'économie mondiale 1996**, n° 178, CEPII.
- **L'économie mondiale 1997**, n° 200, CEPII.
- **L'économie mondiale de l'énergie**, n° 88, Jean-Marie Martin.
- **L'économie mondiale des matières premières**, n° 76, Pierre-Noël Giraud.
- **L'économie néo-classique**, n° 73, Bernard Guerrien.
- **L'économie sociale**, n° 148, Claude Vienney.
- **L'emploi en France**, n° 68, Dominique Gambier et Michel Vernières.
- **Les employés**, n° 142, Alain Chenu.
- **L'ergonomie**, n° 43, Maurice de Montmollin.
- **Les étudiants**, n° 195, Olivier Galland et Marco Oberti.
- **L'Europe monétaire**, n° 92, Jean-Pierre Patat.
- **L'Europe politique**, n° 190, Guillaume Courty et Guillaume Devin.
- **L'Europe sociale**, n° 147, Daniel Lenoir.
- **La faim dans le monde**, n° 100, Sophie Bessis.
- **Le FMI**, n° 133, Patrick Lenain.
- **La fonction publique**, n° 189, Luc Rouban.
- **La formation professionnelle continue**, n° 28, Claude Dubar.
- **Histoire de l'administration**, n° 177, Yves Thomas.
- **Histoire de l'Algérie coloniale, 1830-1954**, n° 102, Benjamin Stora.
- **Histoire de la guerre d'Algérie, 1954-1962**, n° 115, Benjamin Stora.
- **Histoire de l'Algérie depuis l'indépendance**, n° 140, Benjamin Stora.
- **Histoire de la philosophie**, n° 95, Christian Ruby.
- **Histoire de la sociologie 1 : Avant 1918**, n° 109, Charles-Henri Cuin et François Gresle.
- **Histoire de la sociologie 2 : Depuis 1918**, n° 110, Charles-Henri Cuin et François Gresle.
- **Histoire de l'URSS**, n° 150, Sabine Dullin.

L'histoire des États-Unis depuis 1945, n° 104, Jacques Portes.
Histoire des théories de la communication, n° 174, Armand et Michèle Mattelart.
Histoires du radicalisme, n° 139, Gérard Baal.
L'histoire en France, n° 84, ouvrage collectif.
L'immigration, n° 8, Ezzedine Mestiri.
L'indice des prix, n° 9, Jean-Paul Piriou.
L'industrie française, n° 85, Michel Husson et Norbert Holcblat.
Inflation et désinflation, n° 48, Pierre Bezbakh.
Introduction à la comptabilité d'entreprise, n° 191, Michel Capron et Michèle Lacombe-Saboly.
Introduction à la microéconomie, n° 106, Gilles Rotillon.
Introduction à la philosophie politique, n° 197, Christian Ruby.
Introduction à l'économie de Marx, n° 114, Pierre Salama et Tran Hai Hac.
Introduction au droit, n° 156, Michèle Bonnechère.
L'Islam, n° 82, Anne-Marie Delcambre.
Les jeunes, n° 27, Olivier Galland.
Le judaïsme, n° 203, Régine Azria.
La justice en France, n° 116, Dominique Vernier.
Lexique de sciences économiques et sociales, n° 202, Jean-Paul Piriou.

Macroéconomie financière, n° 166, Michel Aglietta.
Les médecins, n° 59, Michel Arliaud.
Les menaces globales sur l'environnement, n° 91, Sylvie Faucheux et Jean-François Noël.
La méthode en sociologie, n° 194, Jean-Claude Combessie.
Méthodologie de l'investissement dans l'entreprise, n° 123, Daniel Fixari.
La mobilité sociale, n° 99, Dominique Merllié et Jean Prévot.
Le modèle japonais de gestion, n° 121, Annick Bourguignon.
La modernisation des entreprises, n° 152, Danièle Linhart.
La mondialisation de l'économie :
1. Genèse, n° 198, Jacques Adda.
2. Problèmes, n° 199, Jacques Adda.
La monétique, n° 55, Nezih Dinçbudak et Ugur Müldür.
La monnaie et ses mécanismes, n° 70, Monique Béziade.
Les multinationales globales, n° 187, Wladimir Andreff.
La notion de culture dans les sciences sociales, n° 205, Denys Cuche.
La nouvelle économie chinoise, n° 144, Françoise Lemoine.
Nouvelle histoire économique de la France contemporaine :
1. L'économie préindustrielle (1750-1840), n° 125, Jean-Pierre Daviet.

2. L'industrialisation (1830-1914), n° 78, Patrick Verley.

4. L'économie ouverte (1948-1990), n° 79, André Gueslin.

La nouvelle microéconomie, n° 126, Pierre Cahuc.

Les nouvelles théories de la croissance, n° 161, Dominique Guellec et Pierre Ralle.

Les nouvelles théories du marché du travail, n° 107, Anne Perrot.

L'ONU, n° 145, Maurice Bertrand.

L'Organisation mondiale du commerce, n° 193, Michel Rainelli.

Les outils de la décision stratégique 1 : Avant 1980, n° 162, José Allouche et Géraldine Schmidt.

Les outils de la décision stratégique 2 : Depuis 1980, n° 163, José Allouche et Géraldine Schmidt.

Le patrimoine des Français, n° 81, André Babeau.

La philosophie de Marx, n° 124, Étienne Balibar.

Pierre Mendès France, n° 157, Jean-Louis Rizzo.

La politique financière de l'entreprise, n° 183, Christian Pierrat.

La population française, n° 75, Jacques Vallin.

La population mondiale, n° 45, Jacques Vallin.

La presse quotidienne, n° 188, Jean-Marie Charon.

La protection sociale, n° 72, Numa Murard.

La psychanalyse, n° 168, Catherine Desprats-Péquignot.

La publicité, n° 83, Armand Mattelart.

Le régime de Vichy, n° 206, Marc Olivier Baruch.

La responsabilité administrative, n° 185, Jean-Pierre Dubois.

Les revenus en France, n° 69, Yves Chassard et Pierre Concialdi.

Le revenu minimum garanti, n° 98, Chantal Euzéby.

La santé des Français, n° 180, Haut Comité à la santé publique.

La science économique en France, n° 74, ouvrage collectif.

Les sciences de l'éducation, n° 129, Éric Plaisance et Gérard Vergnaud.

La sociologie de Durkheim, n° 154, Philippe Steiner.

Sociologie de l'éducation, n° 169, Marlaine Cacouault et Françoise Œuvrard.

Sociologie de l'emploi, n° 132, Margaret Maruani et Emmanuèle Reynaud.

Sociologie des mouvements sociaux, n° 207, Erik Neveu.

Sociologie des relations professionnelles, n° 186, Michel Lallement.

La sociologie de Marx, n° 173, Jean-Pierre Durand.

La sociologie du chômage, n° 179, Didier Demazière.

Sociologie du sport, n° 164, Jacques Defrance.

La sociologie en France, n° 64, ouvrage collectif.

Les sondages d'opinion, n° 38, Hélène Meynaud et Denis Duclos.
Les stratégies des ressources humaines, n° 137, Bernard Gazier.
Le syndicalisme en France depuis 1945, n° 143, René Mouriaux.
Le système éducatif, n° 131, Maria Vasconcellos.
Le système monétaire international, n° 97, Michel Lelart.
Tableau de bord de la planète, n° 135, Worldwatch Institute.
Les taux de change, n° 103, Dominique Plihon.
La télévision, n° 49, Alain Le Diberder, Nathalie Coste-Cerdan.
La théorie de la décision, n° 120, Robert Kast.
Les théories des crises économiques, n° 56, Bernard Rosier.
Les théories du salaire, n° 138, Bénédicte Reynaud.
Les théories économiques du développement, n° 108, Elsa Assidon.
Le tiers monde, n° 53, Henri Rouillé d'Orfeuil.
Travail et travailleurs aux États-Unis, n° 16, Marianne Debouzy.
Travail et travailleurs en Grande-Bretagne, n° 32, François Eyraud.
Les travailleurs sociaux, n° 23, Jacques Ion et Jean-Paul Tricart.
L'Union européenne, n° 170, Jacques Léonard et Christian Hen.
L'urbanisme, n° 96, Jean-François Tribillon.

Collection « Guides Repères »

L'art du stage en entreprise, Michel Villette.

Voir, comprendre, analyser les images, Laurent Gervereau.

L'art de la thèse, *Comment préparer et rédiger une thèse de doctorat, un mémoire de DEA ou de maîtrise ou tout autre travail universitaire*, Michel Beaud.

Collection « Dictionnaires Repères »

Dictionnaire de gestion, Élie Cohen.
Dictionnaire d'analyse économique,
microéconomie, macroéconomie, théorie des jeux, etc.,
Bernard Guerrien.

Composition Facompo, Lisieux (Calvados)
Achevé d'imprimer en France en février 1997
sur les presses de l'imprimerie Carlo Descamps,
Condé-sur-l'Escaut (Nord)
Dépôt légal : février 1997
ISBN 2-7071-2669-1